ネット予約時代の
困ったお客のトリセツ

飯野たから 著
佐藤祐介 監修

目次

序章

困った客のクレーム・ドタキャンに勝つための10か条

第1章 顔の見えない悪質クレーマーをどうするか？

第2章

ドタキャンから店を守るために知っておくべきこと

第3章 誹謗中傷と風評被害に打ち勝とう

第4章

クレームやドタキャンを防ぐためにできること

序章

困った客の
クレーム・ドタキャンに
勝つための
10か条

1

ネット客の三大トラブルに負けるな

◆悪質クレームに断固立ち向かえ

▼返品期間経過後の強引な返品、店側の小さなミスや商品のキズへの法外な賠償要求など

◆ドタキャンはキャンセル料を取れ

▼居酒屋、レストラン、カラオケ店を困らせる団体の予約客のドタキャンなど

◆誹謗中傷による風評被害を許すな

▼トラブルになったネット客のウソや誹謗中傷の書き込みで風評被害が起きたなど

Check

ネット客は顔が見えない

客（消費者）からのクレームやトラブルには誠実に対応しなければならない。ただ、法律や契約に決められている以上の要求に応じる必要はない。もっとも、顔の見えないネット客との間では対面販売と違ったクレームやトラブルもあり、法外な要求をする悪質な客の対応には苦労するようだ。

売上げに貢献するがトラブルも多発

全国に販路を持たない会社や個人商店にとって、ネットの口コミによる客の増加は願ってもない恩恵とチャンスである。たとえば、インスタグラムやツイッターなどSNSの投稿で人気が出た飲食店では、店先にできた長い客の列が再びネットにアップされることで、さらに客を呼ぶという好循環が起きる。

一方で顔が見えないせいか、ルール無視の法外な要求や脅迫めいたクレームメールを送り付けてきたり、連絡なしのドタキャンをするなど悪質なネット客もいる。しかも、ドタキャンのキャンセル料や誹謗中傷による風評被害の賠償を会社や店側が取るのは難しい。

メモ

ネット客のメリット・デメリット

・ネットへの好評価の投稿は集客や売上げアップ
・店頭販売に比べ経費がかからない

・契約などルール無視の法外な要求も多い
・悪意のある投稿で風評被害を受ける恐れも

2 クレーマーへの謝罪は効果なし

「申し訳ございません」を連発。「ちゃんと説明しろ」というクレームに答えず。

〔bad〕

「納得いただけるまで、ご説明いたします」

〔good〕

Check 真摯に向き合う姿勢が重要

「申し訳ございません」。客からのクレームに、この言葉を会社や店は連発する。だが、単に謝罪の言葉を述べるだけでは、クレーム客への適切な対応とはいえない。客の不満や不信感に、どれだけ真摯に向き合って対応しているかを見せることが重要である。納得さえできれば、大半の客は怒りを収める。

安易な謝罪が不信感を増す

客のクレームには、まず謝れというのが、会社の対応マニュアルの定番だろう。これ自体は正しい。ただ、実際の対応では、クレームへの具体的な解決策も示さず、また客の要望を拒絶した場合にも理由をはっきり説明しないまま、ただ謝罪の言葉を繰り返すことが多いと思う。これは逆効果で、かえって客の怒りを煽り、不信感を増すだけである。

客の言い分や要望をよく聞き、真摯で丁寧な説明をすれば、要望が通らなくても、一度の謝罪で納得してくれるはずだ。ただ、相手がクレーマーの場合には、謝罪しても効果はない（次項参照）。

メモ

謝罪の繰返しより真摯さのわかる言葉を

「申し訳ございません」
→「お時間は大丈夫でしょうか。電話をかけ直させてくださ い。状況をお調べしたうえで説明させていただきます」

3 悪質・不当な要求には応じるな

◆強引な返品・返金の要求には応じるな

▼返品期間経過後、あるいは使用方法違反で故障した商品の強引で悪質な返品や解約、返金の要求など。

◆妥当な金額を超す法外な賠償請求は許すな

▼店側のわずかなミスや商品のささいなキズへの商品代金の金額を超す法外な賠償要求など。

◆暴力や悪質な謝罪要求、誹謗中傷は法的措置を

▼土下座などの横暴な謝罪要求や暴力、またはウソや誹謗中傷の書き込みで風評被害が起きたなど。

◆消費者という肩書きに甘えた要求は無視しろ

Check 一度認めた例外措置は原則になる

客のクレームや要望には誠実に対応しなければならない。契約内容や法令を遵守することは当然だが、客の要望や要求に応じられない場合には、その理由を丁寧に説明する必要がある。ただし、相手の強引さに負けて、一度でも例外的な扱いをすると、次からはその扱いが原則になる。

強圧的な態度の違法・不当な要求には法的手続きを検討しよう

客（消費者）の中には、約定の返品期間が過ぎているのに強引に「返品や返金を認めろ」と迫る人もいる。また、取扱説明書の使用方法を守らないために起きた故障や損害についても、一方的に業者の責任だと主張して、無償修理や法外な損害賠償を求めてくる客も珍しくない。むろん、契約内容や法令に反していなければ客の要求は断ればよく、安易な忖度はしないことである。

なお、要求に応じないからと、相手が暴言や暴力など悪質で不当な強圧的態度を取った場合には警察に相談し、被害届を出せばいい。また、客のクレームで損害が生じた場合は、民事裁判で賠償請求をすることもできる。

メモ

客からのクレームはHP上に公開しよう

クレームへの回答は個人情報を伏せた上で、HP上に公開するのも一つの手だ。悪意ある書き込みをされても、一方で、別のお客から店を擁護する投稿も期待できる。

4 クレームのメールや電話は保存や録音をしろ

メールの保存や電話の録音がない場合

メールの保存や電話の録音がある場合

Check クレームのメールや電話は内容を整理しよう

客からのクレームは保存や録音をするだけでなく、①顧客ごとに整理し、②クレームの日付、③対象の商品・サービス、④クレーム内容、⑤クレームへの対応、⑥顧客の評価（クレーマーか、ファンかなど）をメモにし、全員で共有するようにしておこう。

保存・録音したクレームが重要な証拠になりうる

客からのクレームに嫌な顔をする店主や担当者も多いが、クレームのお陰で商品の欠陥や改良点が見つかったり、客のクレームの中に新商品や事業拡大のヒントが隠れていることもある。もちろん、無理難題の金銭的要求や脅迫的な言辞で謝罪を強要するクレーマーもいる。こういう悪質なクレームには、警察への相談や被害届、弁護士への交渉依頼も必要になるだろう。クレーム内容は大事な証拠でもある。

客からのクレームは内容をすべて記録し、残しておくといい。メールは保存し、電話は録音することを忘れないこと。

メモ

役立つクレーム・排除するクレーム

- 新商品のアイデアが含まれていることもある
- ファンからのクレームは従業員の士気を高める
- 無理難題の要求は毅然とした態度で対応を
- 脅迫的言辞のクレームは警察に相談を

5 ドタキャンは店だけが損する

◆飲食店…通常、キャンセル料の取決めがない

▼損害額が算定できればキャンセル料を請求できるが、当日キャンセル以外は請求が難しい。

◆ホテル・旅館…キャンセル料の取決めがある

▼当日キャンセルは宿泊料金の100%、予約日の3日～4日前から原則キャンセル料がかかる。
※キャンセルポリシーがない場合は、実際の損害額を算定しないと請求できない。

◆タクシー…運送約款でキャンセル料取れる

▼迎車が予約客の指定場所到着前か、到着後かで額が異なることが多い。

Check キャンセル料が請求できる場合とは?

○
・キャンセル料の取決めがある
・取決めはないがキャンセルによる金銭的損害がある
・予約料（前受け金）を取ってある（回収は確実）

×
・キャンセル料の取決めなく損害額も算定できない
・電話番号とアドレスはわかるが相手の住所は不明

キャンセル料の取決めがないと損害額の立証が必要になる

キャンセル料の取決めがあれば、ドタキャンした客に対し、その支払いを請求できる。キャンセル料の取決めがない場合は、ドタキャンによる実際の損害額を算定する必要がある。飲食店の場合、次の①+②+③の合計額である。

①キャンセルによる逸失利益（ドタキャン客の予想飲食などから生じる利益）
②仕入れ原価（予約客のための材料費）
③人件費（予約客の接待係の経費）

キャンセル料の取決めがなければ、損害額を立証しないと、キャンセル料を取れない。

メモ

キャンセル料の請求方法は？

・ネット注文や電話注文による予約客には、相手の電話番号やアドレスに連絡し、請求する。
・相手の住所がわかれば、そこに請求書を送る（請求書は内容証明郵便で出すのがベスト）。

6 誹謗中傷の書き込みは放置しない

〔bad〕書き込みを放置

ウソ・誹謗中傷が拡散
↓風評被害の恐れ

〔good〕速やかに削除要請

記事を削除
↓風評被害を防げる

Check

だれが削除する？

削除を要求できる人

➡誹謗中傷された本人（個人、商店、会社など）

削除を要求する相手

➡①投稿者本人、②サイトの運営管理者、プロバイダー

ウソや誹謗中傷を放置すると、世間は「ホント」と解釈する

客に中には、自分の要求が通らなかったり、気に入らないことがあると、ネット上にウソや誹謗中傷の書き込みをする人がいる。悪意ある書き込みを見つけたら、すぐに削除の要請をすることだ。放っておくと拡散し、世間はその内容が「真実」で「正しい」と思うようになる。最悪、風評被害を引き起こす。

書き込みを削除するには、投稿者本人に求めるか、サイトの運営管理者やプロバイダーに「送信防止措置依頼書」を出すことになる。どちらにせよ、投稿者の表現の自由との兼ね合いが問題となる。

メモ

削除が認められるものとは？

・名誉毀損にあたる書き込み
・プライバシー侵害にあたる書き込み
・肖像権を侵害する画像の投稿（リベンジ画像なども）
※批判や批評にあたるものは、削除は認められない

7 ドタキャンやクレームは事前対策で防げ

◆消費者（客）保護の法律を学ぶ

▼消費者契約法、特定商取引法、ＰＬ法など（契約の成立、解約、損害賠償の取決めなど）。

◆予約時に個人情報を多く聞き出す

▼電話番号、アドレスだけではトラブル発生の際、相手を特定できない（住所などの確認も）。

◆予約時に予約料を前払いさせる

▼キャンセル料の取決め、ドタキャンされた場合に予約料から差し引く金額などを明記。

◆クレーム・ドタキャン時の訓練をする

▼対応マニュアルの作成、トラブル客との模擬訓練など。

Check　ネット予約での対応

○
・前日に確認の連絡を入れる（ドタキャン防止）。
・キャンセル料の有無、キャンセル可能期間などの承諾を必ず確認（未承諾なら予約を受けない）。

×
・予約受付のメールを客に送るだけ。
・HPや予約画面に、終了した割引サービスなどの情報を載せたままにしている。

クレーマーとのトラブルは事前の準備や訓練で防げる

一言文句を言わないと気が済まない。たしかに、こういう客もいる。ただ、店側の応対のまずさが原因のクレームも少なくない。たとえば、ネットや電話によるクレームだ。相手の顔が見えないため、応対次第でかえって悪感情を増幅させることもある。クレーム対応では、まず相手の要求を聞き出し、時間をかけずに適切な回答をすることが重要だが、相手を激怒させてしまった時は、一度相手との通信や通話を切断、改めて連絡し直すことも必要だ。時間をおくと相手の感情が収まり、冷静に話し合える可能性が高い。

日頃、客とのトラブルを想定した訓練をしておくと、慌てずに済む。

メモ

クレーム対応の訓練で身につけよう

・客の言い分は最後まで聞く
・クレーム内容を把握する
・相手の要求内容を把握する
・「事実関係を調べる」として応対を一度切る

8 ネット通販を規制する法律を知っておこう

①特定商取引法（通信販売）

▼返品特約の表示義務、誇大広告の禁止、ＨＰなど広告上に返品特約未掲載の場合の解約期間など。
※返品特約については83頁を参照。

②電子消費者契約法（錯誤規定の例外）

▼注文画面に、客が申込みや契約内容の承諾につき確認できる措置を講じる（内容を確認したうえで同意すると、後から錯誤による無効を主張できない）。

③ＰＬ法（製造物責任法）

▼商品の瑕疵（隠れた欠陥）により引き起こされた拡大被害のメーカー責任、無過失責任など。
※消費者に有利な法律の内容を知っていると、法令に反する条件をＨＰに載せなくなる。

Check ネット通販にクーリング・オフはない

・通信販売にはクーリング・オフの規定はない。
・返品、解約を認めるかどうかは業者の任意だが、そのルールを返品特約として表示することが義務付けられた。
・返品特約の記載がない場合、商品引渡しから8日間は、客は無条件で返品・解約ができる。

HPに返品特約がない
→引渡し後8日間、返品できる

HPに「返品できない」内容の返品特約
→返品を拒否できる

メモ

日常的な電話やメールのやり取りは？

電話やメールでの注文は、（ネット）通販に限らず、日常の売買取引（契約）でも頻繁に使われている。この場合には、業者が客の注文に対し承諾する意思表示をしたときに契約が成立し、民法の契約の規定が適用される。

9 クレーマーの録音やメールは公開・公表するな

◆個人情報は公開できない（個人情報保護法）

▼顧客名簿、店や会社が実施するアンケート、懸賞への応募ハガキや応募メールに記載された個人情報、その他、未公開の約束で収集した個人情報（加工されたビッグデータは除く）。

◆クレームメール、クレーム電話は公開するな

▼証拠としてのメール保存、通話録音はできるが、相手の許可なく公開すると法的な問題も（個人の特定ができない形での公開はＯＫのことも）。

◆クレーマーやドタキャン客の氏名公表はNG

▼原則しないこと（名誉毀損などで訴えられることもある。会員制などで違反行為をして退会処分になった顧客でも個人名公表は問題がある）。

Check 公開できる情報とは?

○
- 個人を特定できないように加工した個人情報で、販促、経営に使うもの（ビッグデータなど）
- 法令で開示が義務付けられた個人情報

×
- 顧客名簿（住所、氏名、生年月日、電話番号など）
- 個人が識別できる顔写真、音声、メールなど

個人の特定ができないように細心の注意を払おう

客（消費者）の中には、法律的に何の権利もない要求を業者側に無理矢理認めさせようとして、脅迫的な言辞で恫喝をしたり、繰り返し執拗にクレームを付けてくる悪質なクレーマーもいる。だが、強引で悪質な態度に腹を立て、その相手からのクレームのメールや通話の録音を、個人を特定できる状態のまま、ネットにアップするようなことはしてはならない。

たとえ、一方的に客側に非があるにしても、相手の個人情報が伏せられていない場合には、個人情報保護法に抵触することもあり、またそのクレーマーから逆に、名誉毀損などで訴えられることもあるので注意が必要である。

メモ

クレームへの返事は公開してもいい

脅迫メールや悪質執拗なクレーム電話をネット上に公開する場合、次のような配慮をする。
- ・個人を特定できないよう加工修正した上での公開
- ・クレームへの回答は個人情報を伏せて公開

10 裁判は最後の手段である

① 話し合いによる解決が一番である

・解決内容は必ずメモを残す（合意した内容は、文書にして相手から「承諾」のサインを取るのがベスト。メールでもかまわない）。

② 話し合いがこじれたら専門家へ

・執拗なクレーム　↓　弁護士や警察に相談する

・悪質な書き込み（相手が削除を拒否）↓　サイトの運営管理者やプロバイダーに削除を依頼する

←

③ 解決しなければ裁判を起こす

・キャンセル料の請求は通常少額訴訟でできる

・正式裁判は弁護士を頼む方がいい

Check 裁判に適したケースとは?

○
- 客の書き込みで風評被害が出ている
- 執拗なクレームで、本来の業務に影響が出ている

×
- 争点わずかだが互いに感情的で合意できない→弁護士などを代理人に立て冷静な話し合いをする
- 費用対効果が得られないとき

裁判は最後の手段である

クレーマーやドタキャンをした客とのトラブルは話し合いで解決するのが最も早期解決に適う。もちろん、相手の法外な要求に応じたり、キャンセル料を放棄したり、また悪意ある書き込みのせいで受けた風評被害について謝罪もさせずに許せということではない。粘り強く交渉して、解決するということだ。

しかし、相手が自分の主張や要求通りでなければ話し合いをまとめるつもりがないという場合、執拗なクレームや風評被害を起こした書き込みについては、裁判を起こして相手の行為を差し止めるといった毅然とした対応をしなければならない。裁判は、被害をこれ以上拡大させないための最後の手段である。

メモ

風評被害を消すには裁判しかない

クレーム客がネット上にした悪意ある書き込みが拡散し、風評被害が出た場合には、損害賠償と謝罪を求める裁判を起こした方がいい。HP上に勝訴の事実を掲載することで、拡散内容はデマだと証明し、名誉を回復できる。

Column 1

クレーム対応が業績を左右する

クレームに満足する回答が得られず、腹を立てた客がネット上へ悪意ある書き込みをすることは珍しいことではない。たとえ事実ではない書き込みも、拡散により「ホント」に変わることがあり、時として風評被害が生じて業績を悪化させる。

風評被害より時間が惜しい

大手企業の中には、クレーム対応専門の部署を子会社化しているところもある（外部委託もある）。クレーム客の怒りの矛先は、この窓口でブロックされるので、親会社の社員がクレーム客の対応で時間を取られるケースは少ない。

だが、零細企業や個人商店の場合は、本業のスタッフが直接対応にあたるしかなく、本来の仕事に費やす時間を客からのクレームに割かれることになる。悪意ある書き込みによる風評被害ももちろん恐ろしいが、それ以上にクレーム対応に時間を取られる方が業務への影響は大きいと思う。

クレーム対応の時間をどれだけ短縮できるか、小規模業者には重要である。もちろん、客のクレームに誠意をもって応対し、相手に納得してもらわなければならないことは言うまでもないが。

第1章

顔の見えない
悪質クレーマーを
どうするか?

ネット注文の客の返品に応じる？ 応じない？

一般的なクレーム対応　ネット通販以外の取引

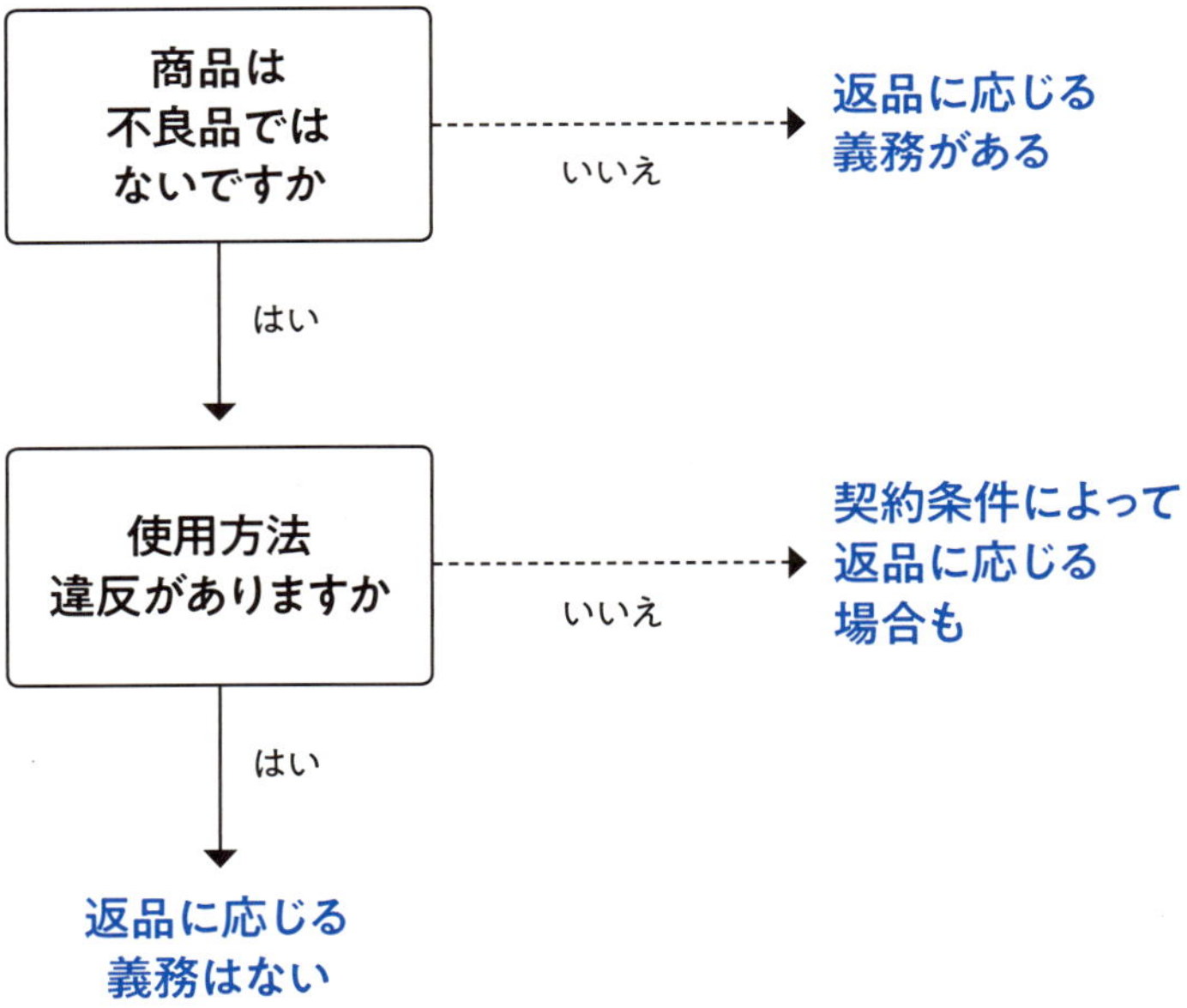

ネット通販　特定商取引法が適用

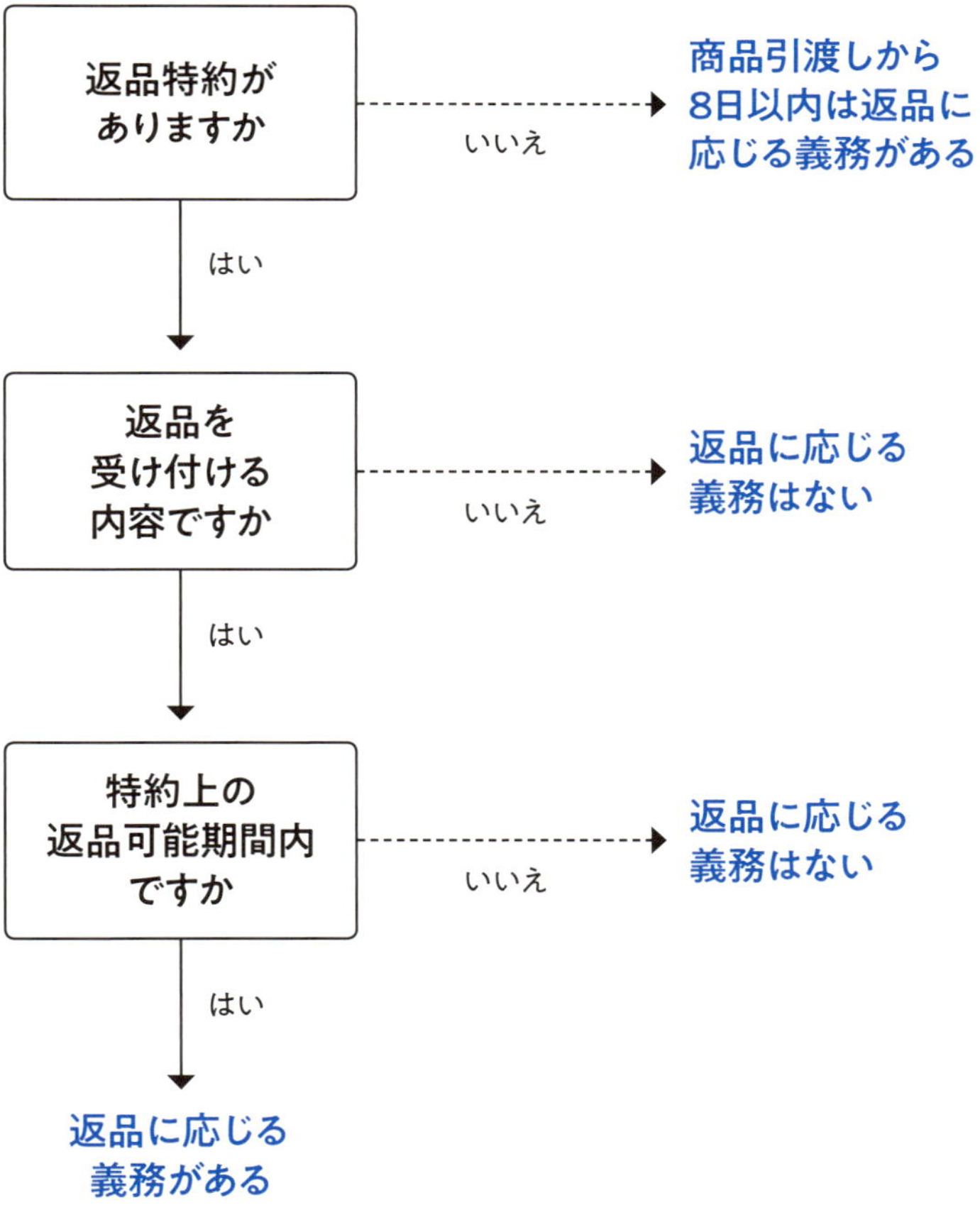

CHAPTER1
#1

「不味いから金返せ!」とキレる客

ネット通販と返品特約

私（Aさん）の店は老舗の菓子店で、商品はすべて自家製です。少しでも売上げを伸ばそうと店のホームページを作ったら、遠くから買いに来る客やメールによる注文が増えました。ただ、メール注文の客は顔が見えないせいか、対面販売とは違ったトラブルも起きます。

最近も、代金引換えで買ったメール客が「不味い！金返せ！」と、しつこくクレームを付けてきて、その対応が大変で……。

むろん、味には自信があるので、「不良品以外、返金にも返品にも応じない」と突っぱねていますが、その客がネット上に悪意ある書き込みをして、風評被害が出たらと思うと、少々不安です。

私の対応、間違ってますか。

ネット通販は全国の名産品がスマホで簡単にお取り寄せできる。利用客（消費者）にとってメリットは大きい。一方、Aさんのような小さな店や生産者にとっても販路の拡大に有効で、注文客とは本来ウィンウィンの関係のはずだ。だが、ネット検索による店や商品の情報だけで注文する客は顔が見えない。そのため、対面販売とは違うトラブルやクレームもあり、クレーマーとどう向き合うかが重要になる。

返品できるかどうかは、ホームページに必ず書いておく

Aさんの場合、送った菓子が壊れていたり、傷んでいるなど不良品だったり、消費期限や賞味期限を過ぎていなければ、通常は返品に応じることも返金する必要もないと思う。相手は「不味い」と言っているようだが、これは個人の感想。不良品ってことにはならない。要求自体が不当で、拒絶は当然。Aさんの対応は間違っていない。

ただ、その客が消費者なら、Aさんの店のネット通販には消費者保護を目的とした特定商取引法が適用されることになる。この法律が同じように適用される訪問販売や電話勧誘販売では、消費者は契約（法定の契約書面を渡された日）から8日以内なら

無条件で契約を解除（解約）できるクーリング・オフ制度があることはよく知られている。この制度はネット通販にはないが、店側が自主的に返品や解約の条件を定める特約（返品特約という）を付けることはできる。

なお、返品特約を付けるかどうかは店側の自由だが、特約がない場合、商品引渡し後8日以内なら客は返品や解約が認められる。

Aさんの店も、ホームページに返品特約を書き忘れると、客からの返品・返金の要求に応じなきゃいけないケースも出てくる。記載を忘れないこと。

悪意のある書き込みをされたら、すぐに削除を求めよう

ところで、ネット上に悪意のある書き込みをされ、風評被害を受けたらどうしようというAさんの心配は当然だと思う。もし、そんな書き込みを見つけたら、そのままにしないで、すぐに削除を求めること。相手が応じなければサイトの運営管理者やプロバイダーに削除を要請すればいい。とにかく、書き込みを拡散させないことだ。

先生のまとめ

返品特約を付けるかどうかは店側の自由です

ネット通販は訪問販売と同様、特定商取引法の規定が適用されます。訪問販売のようにクーリング・オフの規定はありませんが、ネット通販をするお店（業者）が任意で返品特約を付けることができることは、前述の通りです。

返品特約を付ける場合には、その内容をホームページ上に明記することを法律で義務付けられています（法15条の3、11条4号）。ただし、クーリング・オフと違い、返品費用は顧客の負担です。

なお、特約についての記載がない場合は、顧客から申し出があると、あなたは菓子引渡し後8日間は返品に応じなければなりません。

もちろん、送った菓子が壊れていたり、傷んでいるなど不良品だったり、また賞味期限や消費期限が過ぎている場合は、「返品に応じない」との記載があっても、返品・返金に応じる義務があります。

あなたの顧客は「不味い」と言っているようですが、これは個人の感想で、不良品として返金を要求できる理由にはなりません。

CHAPTER1
#2

「広告とちがう」と誤解する客

取引の成立と勘違い

ホームパーティー用オードブルのデリバリーをしていますが、同業者が増え、売上げが伸びなくなりました。家族経営の私の店（Bさん）には値引き競争をする余裕はありません。そこで、ネット通販による宅配で販路を拡大することにしました。盛り付けはせず、真空パックです。真空パックであることと返品に応じないことは広告にも注文受付の返信メールにも明記しました。

ところが、宅配で送った１軒から、「広告の見本とは違う。盛り付けてないのはおかしいじゃないか」と、クレームがあったんです。ホームページに載せた写真は確かに盛り付けたものですが、ちゃんと「真空パック」で送ると書いてあります。返品・返金は不要ですよね。

ネット注文ではないが、著者自身、客として同様のクレームを付けた経験がある。いつもは店頭で直接「盛り付けられた」オードブルを受け取るのに、宅配もできると聞き、宅配で注文したのだ。当日、Bさんのケース同様、真空パックの商品が届き、著者は怒りの電話を店に入れた。だが、店のパンフレットには宅配の場合には「真空パック」で送ることが明記されていると知り、逆に赤面する結果になったのである。

客のクレームは明らかに言いがかり

結論を言えば、Bさんは相手のクレームや返品返金の要求に一切応じる必要はない。相談で話された通りなら店に落ち度はなく、一方、客は「真空パック」で送られることを、広告でも店から来た注文受付（承諾という）の返信メールでも見逃したことになる。客の過失であり、そのクレームは言いがかりにすぎない。

相手の客には、電話やメールで、広告と承諾メールに「真空パックで送る」と書いてあることを説明し、納得してもらうことだ。客がBさんからの返信メールを残していれば、それで確認してもらえるだろう。削除されている時はメールを再送し、また広告画面も確認してくれるよう頼んだらいい。

客の中には、自分に非があるとわかっても、「文字が小さい」「分かりづらい」などとブツブツ言う者もいるが、返品や返金の要求は引っ込めるはずだ。

「盛り付け」だと勘違いした客でも、要求に応じる必要はない

Bさんのような店では、ホームページに限らず、チラシやパンフレットに、オードブルの盛り付け写真を載せることが多い。その場合、「これは盛り付けの一例で、実際の商品とは異なります」などと注意書きを付けるのが普通だろう。真空パックによる配達の記載同様、客のクレームを防ぐ事前の対応策になる。

言い換えれば、この注意書きや真空パックによる宅配であることを書き忘れると、客から「広告と内容が違う」とクレームが付くだけでなく、「盛り付けされてないなら注文しなかった」などと反論されることになる。この場合、法律上も、返品や返金に応じなくてはならないケースもあるので、この二つはホームページなどの広告面に、絶対に書き漏れをしないよう注意してほしい。

先生のまとめ

盛り付けだと信じていても、錯誤は適用されません

通信販売は、顧客が注文しただけでは取引（契約）は成立しません。あなたのようなお店側が、顧客に対して、「たしかに注文を受けました。注文に応じます（承諾という）」と、書面などで通知して初めて契約が成立します。ネット通販では電子消費者契約法が適用され、受付完了の返信メールが顧客に到達した時点で契約が成立します。

あなたのお店のホームページや注文客への返信メールが法定事項すべてを網羅していれば、顧客のクレームに応じる必要はありません。

ところで、消費者保護の立場からいうと、オードブルが「盛り付けされた」状態で配達されると勘違いした顧客は、民法の錯誤（95条）の規定で注文を取り消せるような気もします。

ただし、お店側がホームページ上で、注文（申込み）や承諾の際、顧客の意思を確認できるような措置をとった場合や、この顧客のように注意書きや真空パックについての書き込みを見逃した場合には、錯誤による取消しはできません（電子消費者契約法3条但書、民法95条但書）。

CHAPTER1
#3

着なくなった服を売ってみた

個人間の中古品売買

流行のファッションは気になりますが、専業主婦の私（Cさん）には買える余裕などありません。ママ友にそうグチると、着なくなった服や使わないバッグをネットで売り、そのお金で新しい服を買えばいいと教えてくれました。早速、仕舞い込んだままの服やバッグの写真を撮りブログに載せたところ、すぐ売れたんです。そのお金で私は好きな服を買えたので、「超ラッキィー！」と思ってました。

でも突然、ドレスを買った人から、「ドレスの裾がほつれてた。知らずにパーティーに着て行き、恥をかいた。慰謝料払え！」というメールが届いて。無視したら、日に何度もメールが来て、脅迫めいた内容にエスカレートしています。顔も見たことのない相手なので不安です。

使わなくなった自分の物をネットで売ることは、今では当たり前のように行われている。不要品の整理にもなるので一石二鳥だが、相手の顔が見えないため、フリマで売る場合とは違う新たなトラブルも起きているようだ。

なお、ネット上で個人間の取引をするには、Cさんのように自分のブログで商品を紹介し、直接販売する方法もあるが、ネットオークションやネットショップなどサイトに出品する方法もある。

中古品には多少のキズがあるのが当たり前

恥をかいた原因は、「裾のほつれ」に気づかなかった相手の注意不足だ。Cさんに責任はなく、相手のクレームは言いがかりにすぎない。要求は突っぱねよう。これは、ブログに「ドレスの裾にほつれがある」ことを書いてない場合も同じである。なぜなら、相手はドレスが中古であることを知った上で買っているからだ。そもそも、一般の人なら中古品には「キズ」があると考えるのが普通だと思う。もちろん、ドレスとしては使えないような破けや汚れなどのキズがある場合は、相手は「ドレスを着る」

という目的を果たせないのだから、Cさんは返品や返金に応じなければならない。では、「裾のほつれ」はどうか。

これは、軽微なキズに過ぎない。一般的には、ほつれがあることを理由に契約の解除（解約）もできないと思う。もちろん、Cさんは相手に謝る必要もない。

相手のメールは無視。嫌なら着信を拒否

Cさんの場合、何の責任も非もないのだから、クレームメールは無視すればいい。しつこくて嫌だと思うなら、そのメールアドレスを着信拒否にして、メールが届かないようにすればいいだろう。下手に反論すると、かえって相手を刺激し、クレーム自体がエスカレートする可能性もあるからだ。

なお、相手から頻繁にクレームメールが送られてきて、しかも内容が脅迫的な文言になってきているそうだが、今の段階では、メールの差止めなどの法的措置までとれるかというと、そこまでは難しいと思う。もし心配なら、そのメール内容をコピーして警察や弁護士のところへ相談に行くといいだろう。

先生のまとめ

脅迫めいたクレームは警察や弁護士に相談を

ネット売買では、買主はネット上にアップされた写真以外、品物の状態を確認できないため、受取り後に「キズがある」と気づくことも少なくありません。当事者間でトラブルが起きた場合、個人間の売買にも民法が適用されます。

たとえば、あなたの売ったドレスに隠れたキズ（瑕疵という）があり、そのことを初めから知っていれば目的を果たせないから買わなかったという場合、ドレスの買主は契約の解除（解約）や損害賠償を求めることが法律上可能です。

今回の裾のほつれについても、その程度如何によっては「隠れたキズ」に当たる可能性がありますので、注意が必要です。

服を売る場合は、出品する前にきちんと状態を確認し、それを明記することが望ましいでしょう。

なお、脅迫的な文言のメールが頻繁に来るそうですが、その行為自体違法性が高いので、今後も続くようなら警察に相談するか、弁護士に依頼して警告をしてもらうといいでしょう。

CHAPTER1
#4

支払いも返品もしない客

返品期間経過後のクレーム

私（Dさん）は小さな通販会社を経営していますが、主に布団や毛布など寝具類を扱っています。ネット注文の客がほとんどで、商品到着後10日間は「返品可能期間」として客は使用後でも自由に返品できます。代金も後払いで、今までトラブルはなかったのです。

ところが先月、ネットで毛布を購入した客は返品期間が過ぎても返品しない上、代金も払ってくれません。メールと電話で代金を請求したところ、「毛布が少しも温かくない。不良品だ」と言います。

揉めるのも嫌なので、代金はいいから返品してくれるように頼むと、「返してほしけりゃ、取りに来い。不良品売りつけたんだから、迷惑料持って来いよ」と、すごまれたのですが……。

通販の客は、商品が届くまで実物の確認ができない。そのため、商品の返品返金をめぐるトラブルが起きやすい。返品可能期間を定めた返品特約を付けた場合、その期間内は客からの返品には応じなければならない。その場合、代金の請求もできないのが原則だ。ただし、クーリング・オフとは違い、返品費用は客の負担である。

返品期間が過ぎているので代金請求をすればいい

客は、毛布が「不良品」だと主張しているようだが、Dさんが認めた10日間の返品可能期間内に返品していない。その間、客は不良品であるとのクレームを一度も寄越していないようだ。不良品云々は、特約期間経過後にDさんから代金を請求され、とっさに思い付いた言い訳にすぎないと思われる。すると、相手の客は法律上、返品特約を利用できる権利を放棄したのであるから、毛布の代金を払う義務がある、と言えるだろう。

Dさんは穏便に済ませたいのか、「返品に応じる」と言うが、このような弱腰の対応は相手の客をつけあがらせるだけだ。この場合、返品期間を過ぎていることを理由に、客に毛布の代金全額の支払いを要求すべきである。もちろん、Dさんは客のところに商品を取りに行く必要もないし、迷惑料を払う必要もない。

ただ、毛布に当初から大きなキズなどがあり破損していたとか、入っていてはいけない異物が混入していたなど本当に不良品だった場合は、返品期間が過ぎていても、商品交換などの対応はすべきである。もっとも、「温かくない」は個人的な感覚であり、不良品の証拠とはならない。

支払いにも返品にも応じない場合の相談先は？

この客の代金未払いの理由は、はっきり言って言いがかりに過ぎない。また、毛布を「取りに来い」とか、「迷惑料を払え」などというメールの文言は、脅しとも思えるので、この客が送り付けてくるメールは、刑法の強要罪などに当たる可能性がある。

このような悪質な客については、警察に強要罪として相談しつつ、弁護士に相談し、場合によっては依頼をし、警告や代金の請求をしていくといいだろう。

先生のまとめ

まずは内容証明郵便で督促してみましょう

根拠のない理由を言って代金の支払いに応じない悪質な顧客は少なからず存在します。かといって、顧客の自宅や職場に乗り込んで、本人やその家族から代金を無理矢理取り立てることは法律上許されません。

このケースの場合、内容証明郵便を使って相手に支払いを求めてみてはいかがでしょうか。

内容証明郵便は、「誰が、誰宛に、何時、どのような内容を送ったか」を郵便局が公に証明してくれるもので、交渉手段としてよく使われます。内容証明の書き方はインターネットでも紹介されていますし、市販の用紙もあります。同じ内容の手紙（請求書）を3通作り、内容証明郵便を扱う郵便局へ持って行くだけで（巻末参照）、費用もリーズナブルです（相手が1人で内容が1枚なら1500円程度）。口頭ではなく、形として残る内容証明郵便を送ることで、支払いを促すことも期待できます。

それでも支払ってこないようであれば、弁護士に相談して代金請求やクレーム対応を依頼したり、警察に被害届を出すことが考えられます。

CHAPTER1
#5

開封済みの商品を返品する客

化粧品販売と返品特約

化粧品の製造販売をしていますが、ネット通販の客からのクレームで困っています。わが社（E社）では、商品到着後２週間以内なら、未開封の商品に限り返品に応じます。そのことはホームページやチラシに明記し、ネット注文の場合、注文画面の最後に「返品特約」の説明を再度入れ、客はその項目を承諾して初めて注文完了です。

この客は１週間後に開封した商品まで返品してきました。その費用も着払いで、代金全額を返せと言います。未開封分の代金しか返せないと伝えましたが納得しません。最近は、当社化粧品で肌荒れがひどくなったから、「治療費も払え」というエスカレートした内容のメールが届きます。ネットに書き込みするとも書かれていて、不安です。

ネット通販（通信販売）にはクーリング・オフの制度はない。そこで、商品の返品や売買契約の解除（解約）に応じるかどうかは、業者が自由に決められる。ただし、返品や解約を認めるかどうか、また認める場合の返品可能期間など（返品特約という）については、ホームページやチラシなど広告にはっきり書く必要がある。返品特約を書かないと、客（消費者）は商品を受け取ってから8日以内なら原則、返品や解約ができることになっている。

未開封の商品の代金だけ返せばいい

E社でネット通販をした客は、商品が届いてから2週間以内なら、原則として契約解除による返品もできるし、商品代金の返金もE社に要求できる。E社は、客の要求を拒むことはできない。ただし、返品費用は客持ちである。すでに代金を受け取っている場合、代金から返品費用を引いた金額を返せばいい。

なお、E社は広告で、返品に応じるのは「未開封の商品」と明示しているから、客が使ったかどうかに関わらず、開封済みの商品については返金の必要はない。

では、E社が返品特約を記載していなかったとしよう。この場合には、客が商品を受け取ってから8日以内に返品してくれれば、E社は応じなければならない。トラブル防止のためには、「未開封のみ」などという返品特約の記載を忘れないことだ。

「肌荒れ」がブラフなら、投稿には対抗すると伝える

相手方はE社の会社の化粧品で「肌が荒れた」と言っているようだが、これは自分の要求をのませるためのブラフ（はったり）だと思う。肌荒れが本当なら、初めからそうクレームを付けるはずだ。E社も、それはわかっているだろう。ただ、相手方がネット上への投稿を匂わしているため、投稿された場合の風評被害が心配なのだと思う。しかし、こういうクレームはきっぱり拒否すべきである。

ネット上に事実無根の書き込みをされたら、その投稿者に、「名誉毀損や業務妨害だ」と指摘し、書き込みを削除しない場合には法的措置を取ると伝えればいい。その方法はメールや電話ではなく、内容証明を送り付けるとより効果的だ。

先生のまとめ

肌荒れが事実なら、すぐに因果関係を調べましょう

あなたの会社は、返品特約について広告に明記し、またネット通販の注文画面には消費者に申込みの意思を確認する措置を講じ、顧客が「承諾」したことを確認した上で販売しています。ネット通販の消費者を保護する契約上の措置は適切に講じられているので、開封された化粧品についてまで返品や返金に応じる必要はありません（特定商取引法15条の3但書、電子消費者契約法3条但書）。

クレーム内容がエスカレートしているそうですが、このような顧客にはメールや電話より、厳格さを印象付ける内容証明郵便で「未開封以外の商品の返品には応じない」ことを伝えると効果があります。相手も言いがかりであることはわかっているはずですので、内容証明が届くと、ウソや誹謗中傷する書き込みは躊躇するでしょう。

ただ、「肌が荒れた」というクレームは気になります。真偽を確認し、もし事実なら、その商品が原因かどうか、念のため調べることをお勧めします。「嫌がらせ」なら、より毅然とした態度で相手に釘を刺すこともできるでしょう。

CHAPTER1
#6

使用方法を守らない客

用法違反による故障

私（Fさん）の家は、商店街で長年電器店を営んでいますが、郊外に大型店ができ、売上げは年々減少気味です。そこで、家族で相談し、ネット販売を始めました。即日、しかも無料配達と無料の設置という販売方法が功を奏したのか、テレビや冷蔵庫など大型の電化製品の注文が増えています。

でも、クレームも多くて。先日も、ネット客の電子レンジが届けた早々壊れ、客から「修理か交換しろ」と言われたんです。缶詰をそのまま加熱したからで、明らかに客のミス。保証期間中で、客には以後使用方法を守ることを約束させ、メーカーに無料修理してもらいましたが、半年もしないうちにまた空焚きをして。

客からは「火が出た。欠陥商品だから交換しろ」とクレームが来ましたが、拒否できますよね。

電化製品を買うと、必ず禁止事項など使用上の注意事項が載った「使用説明書」が付いてくる。電子レンジなら、故障や出火の原因になるので、「缶詰やビン詰めは別の容器に移して加熱する」「空焚きはしない」などと、客（消費者）に注意を促す文言が書いてあるはずだ。もっとも、この使用説明書、機器の操作の手順は読んでも、注意書きまで読む人は意外と少ないだろう（著者もそうだ）。そのため、この事例のように使用上の注意を間違えてレンジを使ってしまい、壊れると「故障は機器のせい」と、販売店やメーカーに不条理なクレームを付けてくる客もいるのだという。

使用説明書の注意書きを守らずに起きた故障は保証しなくていい

結論から言うと、Ｆさんの店もメーカーも、この客（消費者）の要求に応じる必要はない。出火の原因は客の「空焚き」で、空焚きをしてはいけないことは機器の使用説明書に書いてあるからだ。そもそも、最初の故障も、客は使用上の注意事項を無視し、缶詰を直接レンジで加熱したのだから、壊れた原因は客側の間違った使い方にある。たとえ保証期間中であっても、有料で修理すべきケースで、無料の修理はすべきでなかった（使用説明書＝マニュアルには用法違反による故障は、保証期間中でも有償修理＝「修理代を取る」と書いてあるはず）。

「サービス」という名目で、Fさんの店のような特例処理をすることも、悪質な客やクレーマーを増やす一因のような気がしてならない。明らかに客側に非（落ち度）がある場合、ルール通り修理代を取る方が、本来の「サービス」ではないだろうか。

使用方法や使用上の注意事項は必ず説明し、了承のサインをもらえ

客の悪質なクレームや法外な要求は、店側が対策を講じれば減らすことはできる。むろん、「使用方法を守らない客は、すべて消費者保護の対象外にしろ」などと極端なものではない。たとえば、量販店ではすでに、「重要事項の説明」として、返品の有無だけでなく、機器の使用上の注意や保証内容などについて、機器購入の客に販売時に伝え、説明した旨のサインを求めるところがある。これが参考になる。

Fさんのように配達設置までする場合は、使用上の注意を設置時に口頭で説明し、説明を受けたサインをもらっておくと、用法間違いによるクレームは防げると思う。

先生のまとめ

製品の欠陥による拡大被害にはPL法が適用

レンジの故障や発火は、顧客の用法違反が原因です。そのため、あなたもメーカーも修理を無料で行ったり、交換したりする義務は法律上ありません。たとえ保証期間内でも、修理代を請求できます（通常、用法違反による故障は有償修理と明記されているはずです）。

もちろん、故障の原因が製品の欠陥によるものなら、メーカー側の責任です。この場合、保証期間が過ぎても故障個所の修理などはメーカー側が無料で行います。販売店には通常責任はありませんが、メーカーは欠陥が明らかになると、リコール（無償修理や交換の表明）をしますので、顧客との仲介をすることも多いかと思います。

なお、その欠陥が原因で事故が起き消費者が被害を受けた場合（レンジの欠陥が原因で出火し、顧客の住居が火災になったなど）は、メーカーは製造物責任を負い、顧客の損害を賠償しなければなりません（ＰＬ法＝製造物責任法３条）。

製造に関わらない販売店がこの責任を負うことはありませんが、顧客からのクレーム時の知識として覚えておくといいと思います。

CHAPTER1
#7

クーリング・オフを主張する客

店頭販売のルール

小さなブティックをやっていますが、３日前に飛び込みで来店して、カジュアルコートを買った客から、「コート、家に帰って着てみたら気に入らないのでクーリング・オフする。８日間経ってないからできますよね」と、メールが届きました。私（Gさん）の店は店頭販売だけで、訪問販売も通信販売もやっていません。

「クーリング・オフはできない」と返信したのですが、その客からは「コートは着払いで送ったから、届き次第、返金して」と、自分勝手で一方的な内容のメールが折り返し送られてきました。

私は返品・返金に応じないといけませんか。また、送り返された商品を受け取らないで済ます方法はありませんか。

結論からいえば、この客はクーリング・オフをすることができない。Gさんの店はコートの返品に応じる必要はなく、返品された場合には受取りを拒否すればいいのである。法律上、この客の要求を呑む義務は一切ない。

店頭販売は不良品以外の返品に応じる必要はない

訪問販売やキャッチセールの業者から商品を購入したり、サービスを受ける契約をした客（消費者）は、その日から8日以内なら無条件で解約ができる（クーリング・オフという）。しかし、いつでも、どんな取引でもクーリング・オフが認められるわけではない。クーリング・オフができる場合は、特定商取引法や割賦販売法などの法律で、具体的に例示されている。たとえば、訪問販売の他にも、マルチ商法、電話勧誘商法や内職商法などで商品やサービスを買わされた場合には使えるが、客が常設店舗に来店し、店で直接買った場合は対象外だ。

Gさんの店は、店頭販売だけで、問題の客はキャッチセールスのような勧誘により来店させたわけでもない。要するに、このコートの売買は、法律上はクーリング・オフの対象外で、客の要求は不当なものである。よってそのコートが不良品でない限り、Gさんの店は客の返品要求をきっぱり断ればいい。また、相手が返品してきた場合には、受取りを拒否できる。返金に応じる必要もない。

ただし、最近は販促上の戦略として、店頭販売でも不良品以外の商品の返送を認める店もある。法律上の義務はないが、Gさんがコートを売る際、「不良品以外の返品はできません」と客に説明していれば、トラブルは防げただろう。

中古品として買い取ることもできる

問題のコートは原則クーリング・オフができないので、その客からの返品要求に応じる義務はないが、Gさんの店が自発的に引き取りに応じるのは自由である。たとえば、客と揉めたくないと考えている場合、コートを引き取るのも一つの選択肢だろう。

もちろん、この場合には、コートの代金を全額返金する必要はない。中古品として買い取ればいいのである。もちろん、コートの返品費用や返金する際の振込手数料は法律上、解約する客持ちだから、その分の金額を差し引いて返金すればいいだろう。

先生のまとめ

クーリング・オフのルールを押さえましょう

クーリング・オフは、訪問販売やキャッチセールスで商品購入やサービスの提供を受ける契約をしてしまった顧客（消費者）に頭を冷やす機会を与えて、一定の期間内であれば無条件で契約解除（解約）を認める消費者保護制度です。具体的には、特定商取引法（訪問販売、電話勧誘販売、マルチ商法、内職商法など）や割賦販売法（クレジット）などに規定がありますが、この制度は他に、住宅、保険、クレジット、新聞など消費者が日常的に関わる勧誘や契約について広く認められています。

訪問販売の場合、クーリング・オフ期間は、契約書面を受け取ってから8日以内です（特定商取引法9条）。言い換えれば、お店側が消費者に契約書面を渡さないと、8日間が経過してもクーリング・オフができるということで、お店側は消費者に契約書面を渡し忘れないよう注意してください。

なお、クーリング・オフは店頭販売には適用されません。あなたは、顧客からの返品要求をきっぱり拒否し、送られてきた場合は商品の受取りを拒否できます。

CHAPTER1
#8

つまらない本は返品できる?

ネット書店で売った場合

我が社（H出版）は、いわゆるハウツー物の出版社です。創った本は書店にも並びますが、社長の私と社員２人の小さな会社で営業活動ができないため、店頭に本を並べてくれる書店は限られています。そのため、本の読者は書店で買う人よりネット注文の読者が圧倒的に多いです。ただ、ネット注文の場合は、書店のように本の中身を見ることができないので、客からのクレームも少なくありません。

今も、我が社ではベストセラーの『上手な部下のトリセツ』をネット注文で買った読者の１人から、「中身が陳腐だ。金返せ！」と、電話やメールでしつこくクレームが来て、その対応に困っています。

落丁本や乱丁本でないから、返金しなくてもいいですよね。

本も、スマホやパソコンで簡単に買える時代である。直接ネット注文できる出版社もあるが、一般的には、ネット書店から注文するよう関連サイトに誘導する（ネット通販の規制対象はネット書店のみ。出版社は通常規制の対象外）。ただ、ネット注文では買う前に本の内容を確認できないため、後から出版社に直接、「思っていた内容と違う」などと、読者からクレームが来ることはある。中には悪質なクレーマーもいるので、トラブルが起きないよう、その対策を事前に検討し、応対マニュアルなどを作成しておくといいだろう。

乱丁や落丁でなければ、返品や返金に応じる必要はない

このクレーマーが消費者の場合、ネット注文の本の売買には、消費者保護を目的とした特定商取引法が適用される。ネット書店の注文画面には「返品に応じるかどうか」、また返品に応じる場合は、「商品到着から何日以内であれば返品ができる」など返品特約が明記されているのが普通で、「返品に応じない」と記載してあれば、注文を受けたネット書店もH出版も返品に応じる必要はない。このクレーマーの要求は、

きっぱり断って構わないのである。

ただし、乱丁本（本の頁の順番が正しくない）や落丁本（頁が抜けている）の場合は、乱丁や落丁のないものと交換する必要がある。この場合は、ネット書店経由でもいいが、H出版には読者に正しい本を引き渡す義務がある。クレームがあった場合、読者に不良品の本を着払いで送るようお願いし、届き次第、交換本を送るといいだろう。なお、本を交換すればよく、返金の必要はない。

あまりしつこいクレームには警告を出せ

「中身が陳腐」という言い分は、個人的な見方や感想であり、それだけを理由とする返品や返金要求には応じる必要はない。これは、誤植や誤りがあった場合も同じで、通常は正誤表を送るか、正誤表をホームページ上に掲載すればいい。

なお、この客のようにしつこくクレームを付けてくる場合、相手の電話やメールを着信拒否する方法もあるが、強要や業務妨害に当たるとして、相手に警告を発する方法もある。ただし、警告の方法や内容は弁護士など専門家に相談してほしい。

先生のまとめ

乱丁、落丁の場合、本の交換にのみ応じましょう

本件において、読者が注文内容を確認し、「承諾」をクリックしていれば、返品に応じる必要はありません。もちろん、乱丁や落丁があれば交換する必要はありますが、交換により読者の目的は達せられるので返金は拒否できます。

　本のネット通販も通信販売として、特定商取引法の適用があります。そのため、御社の本を扱うネット書店では、返品や解約に応じるか否かの特約（返品特約）を定める場合には、それを表示することが義務付けられています（特定商取引法15条の3第1項但書、11条4号）。

たとえば、広告及び最終申込み画面中の各商品の説明箇所において、明瞭な方法で、かつ、他の事項に隠れて埋没してしまうようなことがないように表示することが望ましいです。

　また、最終申込み画面においてその内容を明示し、それを確認させたうえで、最終確定ボタンをクリックさせるといった措置を講ずることも望ましいです。これを設けることで、「勘違いだったから注文は無効だ」と錯誤（民法95条）を主張されることを防げます（電子消費者契約法3条但書）。

CHAPTER1
#9

投資本を信じて損した読者

自己責任の範囲

金融機関を退職した私（Iさん）は、投資ジャーナリストとして投資セミナーでの講演や投資本の執筆をしています。内容は、専門用語の解説から始める初心者向けで、主婦や若者にも人気です。もちろん、私なりの投資商品や推奨銘柄を紹介することもありますが、きちんとリスクも説明します。また、「投資は余裕金でやれ」「深追いをするな」「投資は自己責任だ」と、釘を刺すことも忘れません。

ところが先日、読者の１人から、「お前の本を信じて投資したら、大損した。責任取れ」と、損した150万円を私に弁償しろというメールが届きました。払うつもりはありませんが、放置したら連日クレームメールが来るんです。中には、「訴える」という文言も……。

株式、投資信託、FX、仮想通貨、個人型拠出年金など金融商品への投資で儲けたという消費者の自慢話を、時々SNSで見かけることがある。ネットでの売買が簡単にできるようになったからだろうが、主婦や学生の投資家も珍しくないようだ。ただ、投資は必ず儲かるとは限らない。ときには大損することもあるのが現実だ。

投資本を信じて損失したときの責任は？

Iさんの場合、その読者の損失について、法律上は何の責任も負わない。たとえ、その読者が著書の通りに投資し、また推奨銘柄を信じて買って大損をしたという場合でも、Iさんには読者の損害を賠償する必要などないのである。Iさんも著書の中で書いているが、投資にはリスクが付きものであり、「投資は自己責任」が原則だからである。クレームのメールは無視するか、受信拒否にしてしまえばいいだろう。

講演での発言や執筆内容は、あくまで意見の開陳であり、表現の自由である。特定の銘柄や投資商品を勧めたとしても、その意見を信じて投資行動をした読者らに対し、損害の弁償はもとより、謝罪も必要がないと思う。法律的には、スポーツ新聞などの

「競馬予想」と同じである。

ただし、Iさん自身、その推奨銘柄を買うと投資家が損をすることを知りながら、直接勧誘した場合、また第三者による株価操作や有価証券報告書の偽装など不正行為に自ら荷担している場合は、賠償責任を負ったり、詐欺罪に問われる可能性もある。とくに、セミナーなどで商品の勧誘も行った場合には、Iさんが責任を問われる確率はより高いと思う。

クレームメールだけなら放っておけばいい

Iさんが勧める金融商品や推奨銘柄で損をすれば、このようなクレームがくるだけでなく、ネット上に「信じて買ったら損をしたという事実」を投稿されることもある。しかし、それによりセミナーの受講者や読者が減っても、読者がIさんに損害賠償を求められないのと同様、Iさんも投稿者に損害賠償を求めることは難しいだろう。

もっとも、その内容が事実でない場合、また誹謗中傷に当たる場合には、投稿の削除を求め、また風評被害があれば、その損害の賠償を投稿者に求めることはできる。

先生のまとめ

投資セミナーや投資本は損失の責任を負いません

「絶対に儲かる」と、証券会社や投資顧問業者の営業マンが顧客（消費者）に金融商品購入を勧誘してしまうことがあります。しかし、その「儲かる」根拠がウソや誇大広告だった場合、その勧誘文言を信じて商品を購入し損害を被った消費者は、契約を取り消すことができます（消費者契約法４条）。

また、業者が金融商品取引法の定める重要事項の説明や法定書面の顧客への交付義務を怠ったり、顧客に損害を与えるのを承知でウソや不正確な内容の情報を流して取引を勧誘するなど禁止行為を行ったりした場合も、消費者は解約を解除したり、損害賠償請求をしたりすることができます。

では、Ｉさんの投資セミナーでの発言や投資本の記述内容を信じて損害を被った場合はどうでしょうか。Ｉさんは自分の考えを述べただけで、金融商品を売ったり、仲介したりしたわけではありません。損失の責任は投資家自身が負うべきです。もっとも、将来の収益や効果について、「必ず〇〇」といった断定的な表現を用いると、法的な責任を問われる恐れがありますので、お気をつけください。

CHAPTER1
#10

「無添加なんてウソだ」と放言する客

虚偽投稿による営業妨害

私（Jさん）は美味しく安全なパンを作りたいと、無添加の原材料や天然の湧水が手に入りやすい田舎に工房を作りました。幸い、口コミでネット注文の客が増え、経営は順調です。

ところが、ネット客の1人から、「届いたパンが不味い。広告と違う。返金してほしい」と、クレームがきました。パンの味には自信がありますし、同日発送した他のお客様にも確認しましたが、「いつも通り、美味しかった」という返事です。

言いがかりだと思い、放っておいたところ、相手はネット上に、私のパンは「無添加はウソ。味もひどいし、粗悪品だ」と、書き込んだのです。その投稿を見て、購入を止めるお客様が増え、困っています。

ネット通販で「おせち」を買ったら、客には量も内容も広告とはまるで違う商品が届き、年明け早々大きなニュースになったことがある。このように、届いた商品が明らかに広告内容とは異なる不良品だった場合、客（消費者）から返品や交換、返金を求められれば、業者としてはその要求に応じなければならない。

ウソや誹謗中傷の書き込みは、削除と謝罪を要求しろ

Jさんのパンが、原材料や品質、分量などが広告とは明らかに違っている場合には、不良品として、客からの返金要求に応じなければならないだろう。原材料に添加物が含まれていたり、パンの形が崩れていたり、傷んでいたり、消費期限が過ぎているような場合も、また同じように返金が必要だ。だが、わずかな分量の違いや若干の風味の変化は、あっても、それだけでは返金に応じる必要はない。

なお、Jさんのパンは、広告通り無添加の原材料を使用しており、味もいつもと変わらないという別の客の証言もあるから、返品が必要な不良品とは思えない。今回のクレームは不当な要求である可能性が高く、Jさんはこの返金要求を拒否できる。

ところで、この客の書き込みは、ウソや誹謗中傷によるものだから、Ｊさんは客に対し、その書き込みの削除や、新聞などに謝罪広告を出すことも要求することができる。ただし、その客が純粋に感想として「Ｊのパンは不味い」と書き込んだだけなら、Ｊさんは削除の要請はできない。あくまで個人の「感想」であり、表現の自由として保護される「批評」だからである。拡散し、Ｊさんのパンの売上げが減っても、その客に風評被害の責任を負わせることはできない。

風評被害については相手に損害賠償の請求を

ネット上で、自社や自分に対するウソや誹謗中傷の書き込みを見つけたら、即座にその書き込みの削除を投稿者に求めなければいけない。放置すると、時間の経過とともに拡散する恐れがあるからだ。一度拡散してしまうと、拡散した書き込みすべてを削除するのは難しい。

なお、その書き込みで風評被害を受けたＪさんは、投稿者に対し、売上げ減少分などの損失の賠償を請求することもできる。ただし、立証が必要となる。

先生のまとめ

ウソや誹謗中傷の投稿は業務妨害です

食品の製造販売業者は、食品の安全性を確保するため、その供給工程で必要な安全対策（たとえば、清潔で衛生的な環境での製造や加工、安全で衛生的な容器の使用や製品の陳列、製品に含まれる添加物の表示など）を取ることを法律で義務付けられています（食品安全基本法、食品衛生法、食品表示法など）。もちろん、ウソやオーバーな広告も許されません。これは、パンの製造や販売の場合も同じです。

あなたは、安全なパンを顧客に提供するため、これらの法律や各種規則を遵守し、かつ広告通りに無添加の原材料を使っていると思われます。とすれば、顧客のクレームには根拠がなく、ネット上への書き込みは虚偽または誹謗中傷に当たります。

あなたは、その顧客に書き込みの削除を求めればよく、相手が応じない場合は、サイトの運営管理者やプロバイダーに削除の要請をするといいでしょう。

また、風評被害が出たということですから、名誉毀損に基づく損害賠償請求を検討できます。業務妨害罪や名誉毀損罪等で刑事告訴も可能かと思います。

CHAPTER1
#11

「サイズが違う」と代金を支払わない客

請負の仕立て代金

私（Kさん）は商店街で子供服の店を開いています。商品のほとんどはメーカーの既製服ですが、頼まれれば私が服を縫うこともあります。

先日も、小３の娘に服を作ってほしいと、その子の母親が店に来たんです。ただ、子どもは塾や習い事で忙しくて採寸に来られないと言います。仕方なく、採寸は自宅で母親にしてもらい、その値をメールしてもらいました。その値は小３のサイズとしては一般的なもので、母親に確認もしました。なので私は、送ってもらった布地で値通りに仕立てたんです。

でも服を届けると、母親は「小さすぎる」と言って、服の仕立代を払ってくれません。間違ったのは母親なのに、私に責任を押しつけられても困ります。私は、頼まれた子供服の仕立代を、この母親から取れませんか。

ネット通販は便利だが、服や靴など被服類の販売では注意しないといけないことがある。注文したサイズ通りの商品を届けても、実際に着たり、履いたりすると、身体や足にぴったりフィットせず、違和感を訴える客もいるからだ。

もっとも、最近では、自分の３Ｄ画像を送ると、その画像から採寸して、スーツを仕立てるネットショップもあるという。何年も経たないうちに、被服類は自宅採寸が当たり前という時代が訪れるかもしれない。

誤った数字を教えた母親に責任がある

Ｋさんの店は小売業だが、客からの注文で服を仕立てる仕事もある。この仕立ての仕事を請負という（先生のまとめ参照）が、仕事（注文服の作製）が完成しないと、請負代金（仕立代）をもらえない。ただし、服が完成すれば、代金は服と引換えに注文相手から受け取れる。もちろん、服が仕上がっても、注文通りでなければ代金をもらえないのは言うまでもない。

Ｋさんの場合も、できあがった服が小さすぎたため、注文した母親から支払いを拒まれている。サイズを間違った原因がKさんにあれば、代金をもらうには、注文通りに仕立て直すしかないだろう。だが、採寸は母親がしており、Kさんはその数字を信じて仕立てたのだから、原因は母親の採寸ミスと判断するのが妥当だろう。とすると、Kさんに「服が小さすぎた」ことへの責任はない。

Kさんは、注文通りの服を仕立て、完成した服を注文者に引き渡したのだから、約束通りの仕立代を請求することができる。法律的には、相手の母親は服を受け取るのと同時に、代金を払わなければならないのである。

仕立代を請求できるが、自宅に押しかけて取り立てるのはダメ

Kさんは仕立代を請求できるが、相手が支払いを拒んだら、回収は難しいと思う。内容証明郵便で催促したり、ADR（裁判外紛争解決手続き）を利用する方法もあるが、相手が応じなければ裁判にするしかなく、勝っても費用倒れだろう。といって、相手の自宅や職場に押しかけて、無理矢理取り立てることは許されない。

たとえ相手に非があっても、仕立て直しに応じるのも、一つの解決策である。

先生のまとめ

代金を請求できます

あなた（請負人）は顧客（注文者）と、仕立ての請負契約を結んだことになります。

請負契約は仕事を完成させて初めて代金を請求できます（民法632条）。あなたは、注文者のオーダーに従って服を仕立てた（仕事を完成させた）のですから、代金の請求ができます。

これに対して注文者は、できあがった服が小さすぎた（法的には、目的物に瑕疵があるといいます）という理由で、支払いを拒絶しています。

たしかに請負契約では、仕事の目的物に瑕疵があり、そのために契約をした目的を達することができないときは、注文者は修繕の請求、損害賠償請求又は契約を解除することができます（法634条及び法635条）。

もっとも、その瑕疵が注文者の指示で起こった場合、請負人はこれらの責任を負いません（法636条本文）。

そのため、請負人にこれらの責任が生じることはありませんので、仕事の完成を理由に代金を請求することができます。

CHAPTER1
#12

誇大広告だと主張する客

商品広告と返品特約

駅のショッピングモールで、若者向けのアクセサリーの店を出店しています。一種のアンテナショップで、私（Lさん）が同じ名前で経営するネット通販の宣伝と客の勧誘が目的です。先日も、ショッピングモールに来た客が、「安心でリーズナブルだから」と、ネット通販でも真珠のネックレスを注文してくれました。

ところが、品物を引き渡してから1か月も経った今日になって、突然「広告の品とは違うから返品する」と、言ってきたのです。広告より真珠の光沢がないと言いますが、照明のせいだと思います。同じ商品だと伝えましたが、納得しません。

でも、HP上に明示した2週間の返品期間を過ぎていますし、返品に応じる必要はないですよね。

ネット通販の商品広告は、写真でも動画でも、それを見ていると、その商品をつい買ってしまいたくなるような気分になる。撮影者（業者）は、消費者にインパクトを与えるような商品の配置や照明など、様々な工夫をこらしているのだと思う。

商品をよく見せる撮影テクニックは？

ネット通販に限らず、商品やサービスを提供する業者は、客（消費者）をウソや誇大広告で勧誘してはならない。業者からその手の勧誘を受け、商品を買ってしまったり、サービスの提供契約を結んでしまった場合、客は後からその契約を取り消すことができることになっている（消費者契約法4条）。

たとえば、医学的な根拠もないのに、「このサービスを受けるだけで誰でも簡単にダイエットできる」とか、具体的なデータを示さずに、「この株は必ず上がる。儲けは保証する」などといって勧誘するケースだ。

ネット通販の場合も同じで、業者が取引条件などで事実と異なるウソの広告を出したり、誇大広告を出すことは禁じられている（特定商取引法12条）。

もっとも、Lさんのように、消費者に好印象を与える目的でホームページなどに載せる商品の陳列方法やライティングを工夫することは、法律的に許容される範囲内で、ウソにも誇大広告にも当たらない。真珠の光沢の見え方に違法性はなく、「広告とは違う」という客のクレームは無視すればいいだろう。

返品に応じる必要はなく、代金も請求できる

Lさんの店では、返品特約として、商品到着から2週間以内の返品を認めており、その内容もきちんとホームページ上に記載している。この客は、届いた真珠の光沢が広告写真とは違うことは、すぐわかったはずだ。真珠に光沢がないことが不満なら、2週間という返品期間内に返品することができただろう。にもかかわらず、その期間内に返品しなかったのだから、客はその権利を放棄したのである。商品到着から1か月も経ってからの返品申入れは不当で、悪質なクレームと言えよう。

Lさんは、返品期間が過ぎていることを理由に、客の返品要求を断ればよく、また代金の請求も当然できるのである。

先生のまとめ

返品特約で明記した期間を経過していますね

ネット通販には特定商取引法が適用されます。同法では様々な契約類型が規制されていますが、通信販売の場合、訪問販売と違って、クーリング・オフの規定はありません。もっとも、商品が届いてから8日以内は返品が認められています（法15条の3）。クーリング・オフとの違いは、通信販売の業者がこのルールを修正できる点です。「返品は認めません」、「未使用品に限り、〇日以内であれば返品を認めます」といったように、解除の可否やその条件を決めて（これを返品特約といいます）、明示することで、先ほどの解除ルールを修正できるのです（法15条の3第1項但書）。

あなたのお店は「2週間以内なら返品を認める」という返品特約をHP上に明示していますが、この顧客の返品申し出は1か月後ですから、あなたは返品に応じる義務はありません。もちろん、代金請求もできます。

最後に、「真珠の光沢が広告写真とは違う」と主張しているようですが、ディスプレイによって写真の見え方が異なる場合がありますので、今回のようなケースでは誇大広告にはならないと思います。

CHAPTER1
#13

受験失敗の責任を追及する親

塾のせいか、子どものせいか——

私（Mさん）は進学塾を開いていますが、毎年生徒の志望校への合格率は高く、指導法には自信があります。ただ、少子化の影響で生徒数が減っているのも事実で、昨年から「ネット進学塾」を始めました。授業内容や教材は通学生と同じですが、受講料は通学生の２割程度と格安です。

予想以上に受講生が集まり、歩留まり率が心配でしたが、ほとんどの生徒が最後まで受講してくれました。この春の中学・高校受験でも通学生と合格率は変わりません。新塾は一応成功でした。

ただ、志望校に落ちた受講生の親から、「不合格はネット塾の教え方が悪かったせいだ」とクレームがあり、その対応に困っています。相手は、「受講料や受験費用を弁償しろ」と、強引で……。

他人との間にトラブルが起きた場合、その原因の大半が自分にあっても、その非を絶対に認めず、相手の責任ばかり追及する人が増えた気がする。たとえば、Mさんのクレーム相手のように、受験失敗の責任を、学校や予備校などに負わせようとする親もいるようだ。しかし、受験の結果は、あくまで「自己責任」である。

通学生と合格率が変わらなければ、落ちたのは受講生本人の責任

進学塾に通わせたのに、受験に失敗してしまった子どもや親が塾にクレームを言いたくなる気持ちはわからなくない。しかし、Mさんの塾は、合格率が高いというのだから、その教え方や授業内容は一定水準を超えていると見るべきである。しかも、ネット塾の授業内容や教材は通学塾と同じで、この春の受験の合格率もまた通学生と変わらなかったと言うのだから、「教え方が悪い」というクレームは、何の根拠もない間違った批判と言えるだろう。

ただ、ネットによる受講はどうしても飽きやすく、途中で投げ出してしまう生徒も少なくないとは思う。しかし、Mさんのネット塾は、生徒のほとんどが最後まで受講

したというのだから、そのこと一つ取っても、わかりやすく生徒を引き付ける良質な授業内容だったと推測できる。

とすれば、問題の生徒が不合格になった原因は、塾側にあるというより、その子の努力不足だったと考える方が、一般的には納得がいくだろう。Mさんの塾に責任はなく、相手の返金や賠償の要求に応じる必要はない。

教え方に自信があるなら、絶対に謝罪をするな

受験に失敗した生徒や親からクレームを受けると、安易に「力及ばず」とか「申し訳ありません」などと、謝罪の言葉を並べることがある。塾としては、相手の怒りをかわすつもりの発言だろうが、録音されると、塾が「非を認めた」証拠として使われる恐れもある。不合格の原因が生徒側にあることが明らかな場合には、こういうクレームに対しては、絶対に謝罪すべきではない。

ただし、その生徒が「なぜ合格しなかったか」、Mさんとしては真摯に検討し、その理由をきちんと説明することは問題ないし、塾の姿勢として望ましいものと思う。

先生のまとめ

講義内容が相当であれば、塾に責任はありません

学習塾や進学塾は、生徒の学力を高め志望校へ合格させるための指導（サービス）を提供する取引（契約）を受講生と締結しますが、これは特定商取引法上の「特定継続的役務提供」の類型に該当し、その規定が適用されます。

この場合、クーリング・オフや中途解約などの規定が存在しますが、Mさんのケースはすでに受講期間を終了していますから、クーリング・オフ期間である契約書面の交付から8日間は経過しているでしょうし、中途解約の規定も適用されません。

また、本件の塾と生徒の取引（契約）は、民法上は準委任契約に該当します。そのため、塾が本来果たすべき責任を果たしていなかったということになりますと、塾は損害賠償の責任を負う可能性が出てきます。

もっとも、塾の合格率を見る限り、指導方法や授業内容が悪いという可能性は低く、塾としての責任を果たしていたと考えられますので、今回のクレームは正当なものとはいえません。なので、あなたは不合格の責任を負う必要はなく、要求は拒否できます。

CHAPTER1
#14

ダイエットできなかった客

ダイエット食品の返品

健康食品の製造販売会社（N社）ですが、ネット通販の客のクレーム処理に手間取り困っています。その客は、脂肪を減らし、脂肪摂取を抑制する効果があるダイエット飲料を購入したのですが、「ダイエット効果なんかなかった。金返せ！」と、強引に返金を要求するのです。でも、実際に、お客様からダイエットできたと喜びの声が届くことも多く、その有効性も安全性も、専門機関で証明されています。

当社としては、広告や注文画面に「未開封に限り2週間以内の返品は認める」という特約を明記してありますし、全部開封したこの客には返金するつもりはありません。

ただ来年、トクホの許可申請をしようと考えているので、これが審査に影響しないかと、不安です。

「ダイエットはしたいが、運動や食事制限などつらい思いはしたくない」。健康食品は、そんな考えの人にとっては「救いの神」だ。実際、健康食品を試したことのある人は多いだろう。ただし、それだけでダイエットできるほど、現実は甘くない。

返品特約に明記してあるか

健康食品の広告には、「ダイエットに効果がある」とか「コレステロールの改善に役立つ」などと、消費者を引きつける謳い文句を書くことが多い。ただし、表示された成分や効能（ダイエットに役立つ、血圧を下げるなど）、安全性は、医薬品とは違い、食品の製造販売会社のデータに基づくもので、信頼性は必ずしも高くない。そのため、誇大広告について景品表示法違反等を指摘されるケースが後を絶たない。

もっとも、「保健機能食品」に分類される健康食品なら、国の定めた安全性と効能の基準に従ってその機能性が表示されているので、消費者にアピールする効果は高いと思う。トクホ（特定保健用食品）や機能性表示食品が、その代表だ。

話をN社のケースに戻そう。トクホの許可申請をするというのだから、少なくとも広告に表示した効能や安全性に問題はないだろう。よって、客からクレームの付いた飲料が不良品である可能性は低い。次に、ダイエット飲料というネーミングは、その他の広告文言から、「脂肪摂取を抑制する成分が含まれておりダイエットにも役立つ」という程度の内容にすぎないとわかれば、誇大広告とは言えない。

また、返品特約については、「未開封の商品」に限って返品を認めることが、広告に明記されている。以上のことから、商品全部を開封したクレーマーの返金要求は根拠がなく、N社は返金をする義務はない。

悪意のある書き込みをされたら、すぐに削除を求めよう

客のクレームは言いがかりに過ぎないが、要求を拒絶すると、N社を誹謗中傷する書き込みをされるリスクは考えておくべきだ。書き込みを見つけたら即削除を求め、相手が応じなければサイトの運営管理者やプロバイダーに削除要請することである。また、風評被害が出た場合は、その客に対し、名誉毀損に基づく損害賠償を求めるといい。なお、クレームにきちんと対応すれば、トクホの申請に影響はないと思う。

先生のまとめ

不良品でない限り、顧客の要求は拒否できます

御社は返品特約で「未開封品の返品のみ認める」と明記してあるということなので、不良品でない限り、この顧客の要求を拒否することができます。

また、御社はダイエット食品を通信販売していますが、その広告を打つ際には、広告の規制に注意をする必要があります。たとえば、「当社の健康食品を摂るだけで必ずダイエットができる」といった広告は特定商取引法が禁止する誇大広告に該当したり、景品表示法の優良誤認表示に該当します。また、「脂肪をバラバラに分解」といった人体に作用する表現を用いれば薬事法に違反することにもなります。

なお、御社は「トクホ」の申請をするそうですが、これは特定保健用食品のことで、その食品に含まれる成分が健康の維持増進に役立つという有効性と、その食品の安全性を消費者庁の審査で認められた製品のことです（健康増進法26条1項）。トクホと名乗ることを許可された製品は、たとえば、その成分である「キトサン」はコレステロール改善に、また「DHA」は中性脂肪の維持改善に役立つなどと表記できます。

CHAPTER1
#15

部屋に不満な民泊客

民泊のルール

郊外の一軒家に妻子と暮らしていましたが、子どもたちが独立し、私（Oさん）と妻の２人だけでは広すぎます。そこで、近くに観光地があるので、思い切って民泊を始めることにしました。独立した５室の部屋とトイレ、風呂、洗面設備など県条例の定めに従って家を改装し、住宅宿泊事業者の登録をして、春から開業しています。

幸い観光地のお陰で、宿泊客が絶えることはありません。

でも、宿泊した客の１人から、「部屋は汚いし、設備も悪い。返金しろ！」というクレームメールが届いたんです。設備は基準をクリアしていますし、部屋の掃除や寝具など汚れ物の洗濯もきちんとしています。

私、返金の必要はないですよね。

京都や東京に限らず、日本には毎年多くの外国人観光客が訪れている。２０２０年の東京オリンピックを控え、不足が予測される訪日観光客などの宿泊需要を賄う切り札として期待されるのが、「民泊」である。ただし、民泊事業者は、Oさんのように客とのトラブルの他、騒音やゴミ出しルールをめぐり近隣とのトラブルも増えることが予想されるので、その対応やトラブル予防のマニュアル作りが急務だ。

設備や衛生面での処置が問題なければ、宿泊代を返す必要はない

結論からいえば、Oさんは民泊法や県条例の定めに従って必要な設備を整え、また清掃や寝具類の洗濯など衛生面でもきちんと法令を遵守しているのだから、客のクレームは言いがかりである。宿泊代の返金要求に応じる必要はない。

悪意のある書き込みをされたら、すぐに削除を求めよう

民泊は、空き家や空き部屋の有効利用である。住宅所有者と旅行客とがウィンウィ

ンの関係になるだけでなく、放置住宅の増加に悩む自治体にとっては空き家減少につながる（全国に空き家は846万戸。2018年10月時点。総務省調査）。また、人口減で年々寂れていく地域の商店街にとっても、民泊の宿泊者による物品購入が期待でき、地域経済の活性化も見込めるだろう。

ただ、その反面、宿泊者の騒音、民泊から出るゴミなどをめぐり、隣家や周辺住民とトラブルが生じる恐れもある。民泊経営者は開業に当たり、事前に自治体や周辺住民と話し合いをして理解を深めてもらう必要があるだろう。また宿泊客の騒音やゴミのポイ捨てで近隣からクレームが起きた場合、謝罪や改善策の取り組みなど速やかな対応をしなければならない。というのは、対応が遅れて、周辺住民からネット上にクレームが書き込まれた場合、その投稿による風評被害は、客からのクレームによるそれより、はるかに影響が大きく、打撃を受けると思われるからだ。

もっとも、その書き込みが事実ではなく、またOさんや民宿を誹謗中傷する内容の場合には記事の削除を求め、相手が応じなければ、サイトの運営管理者やプロバイダーに削除を要請することだ。これは、返金要求を拒否された宿泊客が腹いせに、ネット上に悪意のある書き込みをしたときも同様である。

先生のまとめ

法令を遵守していれば返金する必要はありません

「民泊」は、都道府県知事の許可が必要な「旅館業」として行う方法の他に、住宅宿泊事業法に基づき、知事への届出だけで始められる形態もあります。ただし、民泊は年間に180日間しか営業できません。

また、民泊を始めるにあたっては、1部屋に宿泊させられる人数の制限や定期的な清掃といった衛生面の確保、非常用照明設備の設置といった災害時における安全面の確保、外国人観光客向けに設備の使用方法や交通アクセスを説明する外国語の案内書を用意しておくこと、宿泊名簿の備付け等、各種条件を整える必要があります。

さて、あなたの住宅は、法令で定められた条件を満たし、顧客の宿泊時には清掃や寝具類の洗濯等をきちんと行っているとのことです。であれば、あなたは民泊施設として果たすべき責任を果たしているといえますので、顧客との民泊契約を履行しています。

そのため、顧客の返金要求は不当なものである可能性が高いと考えられますので、あなたは、顧客からの要求を断ればよいと思います。

CHAPTER1
#16

「性格が違うから」という返金要求

ネット婚活でのプロフィール

高校の教師でしたが、10年くらい前から、同窓会などで久しぶりに会う教え子たちが「良縁に恵まれない」「結婚したいが結婚相手が見つからない」と、ボヤくことが多くなりました。

そこで、私（Pさん）は退職を機に、ネット婚活の仕事を始めたのです。会員の職業や年収、学歴や年齢は証明書で確認しています。また、相手にすぐに会わせることもしません。最初は、私経由でメールのやりとりをしてもらい、上手くいきそうだと判断した男女だけを会わせています。そのため、ゴールインをする確率は高く、口コミで会員が急増中です。

ところが、客の１人が、「紹介相手の性格や趣味が、実際はネット上の記載内容と違う人ばかりだ。返金してほしい」と、クレームを……。

ネット婚活業とは、インターネットを使った結婚紹介所のことだ。異性との交際を希望する男女の情報をネット上に公開し、面識のない相手とメールなどで相互に連絡できるサービスを提供する異性紹介事業（いわゆる出会い系サイト、出会い系アプリなど）とは、一見形態は似ているが、まったく異なる事業である。規制逃れのため、「ネット婚活」を標榜する出会い系業者もいるが、ネット婚活はPさんのように互いに特定の相手のみを紹介し、また会員がネット上で見つけた相手と直接メールなどのやりとりができない仕組みになっている。

なお、ネット婚活は開業も自由だが（特定商取引法が適用される）、異性紹介事業は「インターネット異性紹介事業を利用して児童を誘引する行為の規制等に関する法律（出会い系サイト規制法）」により、開業には公安委員会への届出が必要である。

学歴や年収、独身の確認を怠れば、返金が必要なことも

Pさんの事業は進学塾（84頁参照）のケースと同様、クーリング・オフや中途解約が認められている（詳しくは先生のまとめ）。また、客（会員）同士のトラブルを防

ぐため、Pさんは会員が入会（契約）時に申告するプロフィール（年齢、職業、年収、学歴、独身など）を、マイナンバーカードや免許証、確定申告書などの提示を受けて、可能な限り真実であることを確認する義務がある。

Pさんの場合、紹介相手の年齢や職業、学歴などをきちんと確認しているが、仮に確認を怠っていて、その結果、会員に希望する条件の相手を紹介できなかったとすれば、返金に応じなければならない場合もある。

仲人口のウソは許される

この客のクレームは、紹介相手の職業や年収など生活能力に不満があったわけではなく、趣味や性格が合わないというものである。これについては、相手に会ってから結婚を決めるまでの間に、本人が確認することが十分に可能なはずだ。たとえプロフィールの記載と異なっていたとしても、Pさんに責任はない。よって、客の返金要求に応じる義務はなく、きっぱり拒絶したらいいだろう。ただし、Pさんの事業の評判にもかかわるため、会員のプロフィールの確認には一層気をつけていくべきだろう。

先生のまとめ

容姿や性格の違いで返金の必要はありません

ネット婚活業は特定商取引法上の「特定継続的役務提供」の類型等にあたるため、顧客は法定の書面を受け取ってから8日間はクーリング・オフによる契約の解除が可能です（法48条1項）。また、8日間が過ぎても、清算条件があるのであれば、それに応じて一定のキャンセル料を払えば、顧客は中途解約ができます（49条）。ただし、サービスの提供（結婚相手の紹介）前なら3万円、提供後なら①サービスの対価＋②契約解除による損害（2万円または契約残額の2割の低い金額）を超えたキャンセル料を取ることはできません。このケースが中途解約なら、返金に応じなければいけない場合もあると思います。

契約期間が過ぎている場合にはクーリング・オフや中途解約の問題は生じません。あなたの紹介ビジネスが果たすべき義務を果たしていたか、という点は別途検討する必要がありますが、会員情報の確認に問題はなさそうですし、性格は受け取る側の主観的な面に左右されるので、直ちに義務違反を問われることはないと考えられます。そのため、あなたは返金の必要はないでしょう。

CHAPTER1
#17

保険外サービスを要求する利用者

介護保険と自費負担

私（Qさん）はスタッフ数人の介護サービス事業者です。スタッフは皆、介護の仕事を天職と考えているので、介護保険を利用する高齢者に優しく接し、利用者やその家族から信頼されています。

もちろん、トラブルもあります。先日、訪問介護先で家族が急な仕事で外出するので、私に介護サービスの利用者を病院まで送り、診察が終わったら家に連れ帰ってもらえないかと、急に頼まれたのです。

介護保険外のサービスになるので、その分は全額自費になりますと伝え、承諾をもらって引き受けました。でも、請求書を送ると、「追加料金は払わない。サービスにしろ」と、メールが来たんです。

相手に別料金になることを説明し、相手が承諾した証拠はありませんが、私は料金を取れませんか。

介護保険を使うサービスは、利用する高齢者の介護度の認定等級により、その内容や支給限度額が決められている。しかし、利用者やその家族の中には、介護スタッフを家政婦代わりに使おうとする人もいるようだ。たとえば、ホームヘルパーに利用者以外の家族の食事まで作らせたり、飼い犬の散歩や預貯金の引き出しをさせるなどである。全額自費なら事業者側が承諾すれば問題ないが、これらのサービスに介護保険を使うことはできないことになっている。

契約にない介護サービスは全額自費になる

介護保険のサービスには、自宅で暮らしながら受けられる居宅サービス（訪問介護、デイサービスなど）や施設サービス（特別養護老人ホームなどに入所して介護を受ける）などがある。利用者は、かかった費用の原則1割を負担するだけで済む。ただし、どんなサービスを利用するのかは、その利用者が自由に決めるのではなく、ケアマネージャーが作成したケアプランによる。

実際にサービスを提供するQさんのような事業者が引き受けてくれれば、このケアプラン以外のサービスを頼むことはできるが、その費用は全額自費である。Qさんがサービスを提供する問題の利用者の場合、病院への送り迎えは介護保険サービスの対象外であるから、その分のかかった費用は全額、利用者の自己負担になる。

病院への付き添いメモなども追加料金請求の根拠になる

Qさんは、病院への送り迎えは保険外サービスになること、また保険サービスの自己負担分の料金とは別に追加料金がかかることを利用者（または家族）に説明し、その承諾を得ているから、追加料金は当然利用者に請求できる。「サービスにしろ」と強要し、契約打切りをチラつかせ（利用者は介護事業者を変えることもできる）、支払いを拒否する悪質な利用者もいるようだが、粘り強く交渉して支払ってもらうしかないだろう。

なお、利用者が追加料金の支払いを承諾した証拠として、相手とのやりとりの会話の録音やメールの他、病院でのサインや付き添いメモなども使えるだろう。

先生のまとめ

ケアプランにないサービスは全額自費になります

結論から言うと、あなたは介護サービス利用者（ここでは居宅介護被保険者という）に、介護保険サービス外の病院の送り迎えにかかった時間やサービスの料金を全額請求できます。

満65歳以上の高齢者で日常生活の支援や介護が必要な人は、介護保険のサービスが利用できます（加齢に関係する特定疾病の人は満40歳から利用可）。原則として、自己負担はかかった費用の1割です（所得により2割負担、3割負担も）。

ただし、サービスの利用には、住んでいる市区町村に要介護認定を申請し、介護が必要という認定を受けなければなりません。具体的には、要介護1～5、要支援1、2、自立（介護の必要ない）の8等級のいずれかに認定され、その等級（要介護5がもっとも介護度が重い）により受けられる介護内容や支給限度額が決まります。

なお、介護サービスは、本人や家族が、Qさんのような介護事業者に頼むわけですが、実際にどんなサービスを受けるか、その内容はケアマネージャーのケアプランで決まります。このケアプランのサービス以外のサービスは全額自費です。

Column 2

土下座は日本の文化?

この章で紹介したようなネット客やネットでのクレームに悩む会社や商店は多いだろう。しかし、対面販売の客との間でも、客が店員に土下座を強要するなどトラブルは少なくない。

土下座の要求には110番も

土下座は、選挙の立候補者が選挙民に向かって、なりふり構わず自分への投票をお願いする手段として余りにも有名だ。また、どんなに腹が立つ相手でも、目の前で土下座されると、その怒りの矛先が鈍ってしまうという。最も効果的な謝罪方法だという見方もある。

しかし、相手から土下座を要求された側は、そのプライドを傷つけられることは確かである。コンビニの客が、ささいなことに腹を立て、店員に土下座を強要し、時にはSNSに動画をアップするという事件も起きている。

客から土下座での謝罪を強要された場合、たとえ店側に非があっても、その要求は拒絶してかまわない。土下座を拒絶したことで、客が激高し、身の危険を感じた場合には、躊躇することなく110番することだ。

「お客様は神様」ではないのである。

第2章

ドタキャンから店を守るために知っておくべきこと

ドタキャン客からキャンセル料を取れるか?

キャンセル料を
請求できない

請求するため計算した
キャンセル料が
実際の損害額を
著しく超えていませんか

いいえ

実際の損害額や
客単価を超える
キャンセル料は
請求できない

※超えない部分は
請求できる。

はい

キャンセル料を
請求できる

※キャンセル料の取決めがある場合、実際の損害額より多くても約定額を請求できる。

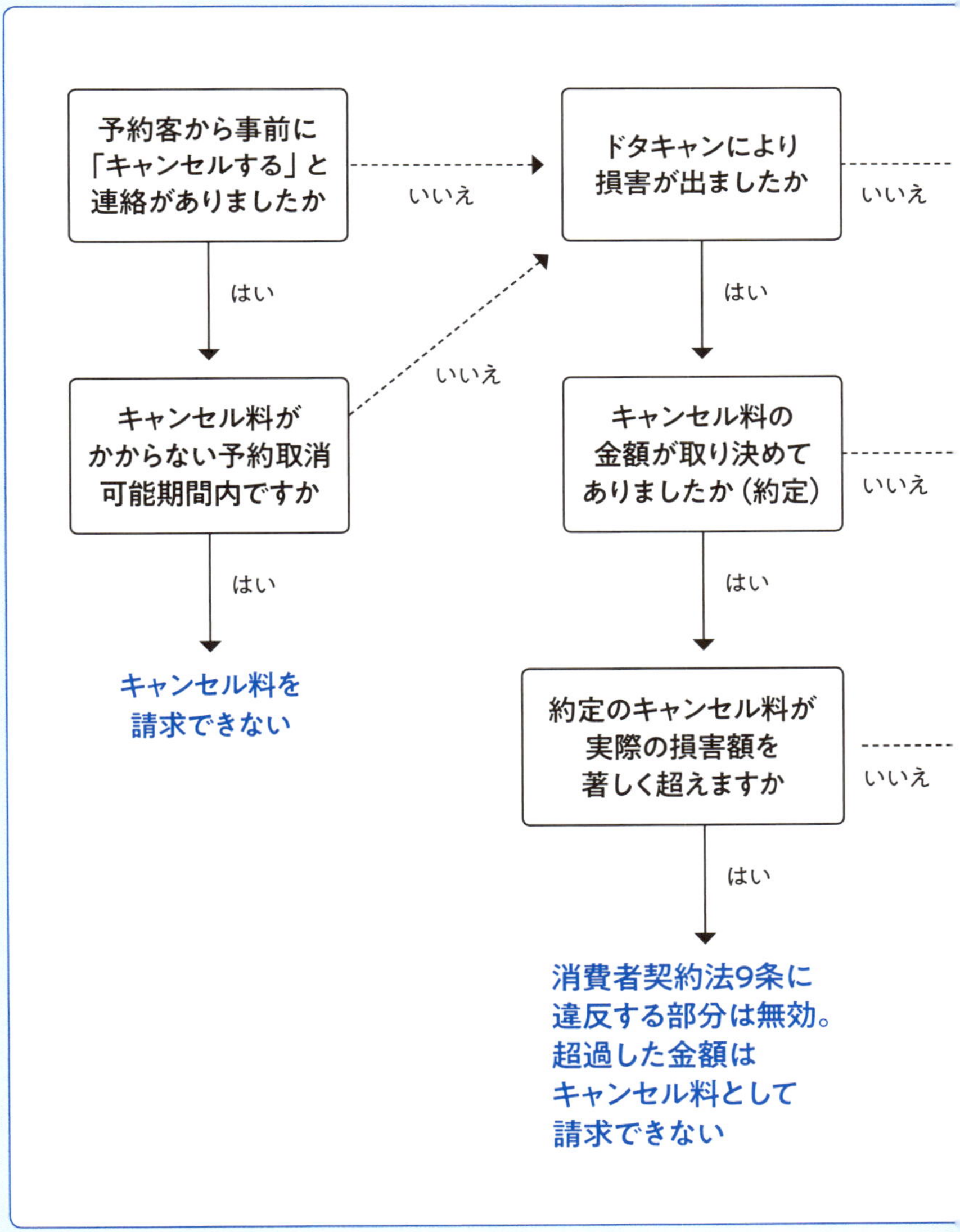
予約客から事前に「キャンセルする」と連絡がありましたか
いいえ
はい
キャンセル料がかからない予約取消可能期間内ですか
いいえ
はい
キャンセル料を請求できない
ドタキャンにより損害が出ましたか
いいえ
はい
キャンセル料の金額が取り決めてありましたか（約定）
いいえ
はい
約定のキャンセル料が実際の損害額を著しく超えますか
いいえ
はい
消費者契約法9条に違反する部分は無効。超過した金額はキャンセル料として請求できない

CHAPTER2
#1

団体客のドタキャンで大損

キャンセル料請求のキホン

私（Rさん）の店は繁華街の居酒屋ですが、週末、花見、転勤や卒業の歓送迎会の時期は、いつも満席で混み合います。そこで、3か月前から電話やメールで予約を受け付けていますが、最近は連絡もなしにドタキャンする予約客もいて、その対応に困っています。

この前の週末も、稼ぎ時の時間帯にネット予約していた団体客30人にドタキャンされました。電話やメールをしても相手側と連絡が取れないので、来るか来ないかわかりません。結局、予約の人数分ずっと席を空けておくしかなかったのです。

具体的な料理の注文はまだでしたが、稼ぎ時に当日来た客を断るしかなく、大損です。ドタキャン客にキャンセル料を請求できませんか。

飲食店にとって、ドタキャン客ほど迷惑な客はいない。準備した料理や食材、接客や調理に当たる店員、その他すべてのサービスが無駄になってしまうからだ。なお、何の連絡も寄こさずドタキャンすることを「ノーショウ（Ｎｏ Ｓｈｏｗ）」と呼ぶが、まだ一般には浸透しているとは言い切れないので、本書では区別せずに、すべて「ドタキャン」と使うことにする（直前に予約キャンセルの連絡があった事例、事前連絡の有無で結論が分かれる場合などは、本文中区別して解説紹介してある）。

ドタキャン客にはキャンセルによる損害を請求できる

団体客のネット予約を受け付けた時点で、Ｒさんの居酒屋と団体客との間には、「店は当日、飲食サービスを提供し、客はそのサービスを受けて、代金を支払う」という内容の契約が成立したことになる。言うまでもなく、店と客は互いにその契約内容を誠実に履行しなければならない。だが、団体客は当日、無断でドタキャンしており、これは債務不履行と言える。

なお、ドタキャンの結果、Ｒさんの店は、その団体客が予定通り来店をすれば飲食したはずの売上げを得られなくなった。しかも、30席分の空席があるのに他の来店客を断っている。そのため、ドタキャンによる売上げ減少分を丸々損したのである。店は予約の団体客に対し、その損害額をキャンセル料として請求できる。

ただし、料理の注文は来店後ということなので、具体的な料理の値段により損害額を算出することは不可能である。そこで、この場合には、店の平均客単価を基準に、団体客の人数をかけた金額を損害額とすればいいだろう。

キャンセル料の請求は内容証明郵便でしよう

Rさんの店がキャンセル料を請求しても、ドタキャン客が素直に払ってくれるとは限らない。この場合は内容証明郵便で請求書を送るといいだろう。請求書には、「期日までにお支払いがない場合には法的措置をとることもあります」という常套句を書くのが一般的だが、請求書が届くと慌てて支払いに応じる客もいる。

なお、内容証明郵便は相手の住まいや会社宛に送らなければならないので、電話やネットによる予約の場合、その予約時に相手の住所も聞いておくといい。

先生のまとめ

キャンセルポリシーを作成しておきましょう

あなたのお店とネット予約の団体客との間では、飲食サービスを提供する契約が成立していますが、その団体客はお店側に何の連絡もせずに無断でキャンセルしています。この団体客の行為は、債務不履行や不法行為に当たる可能性が高いと考えられます。お店は他の予約を断るなどして予約客のため席を確保したことでしょう。しかし、30人もの客が当日ドタキャンをしました。これほどの人数では埋め合わせも難しいので、お店はこれらの損害を団体客に対し請求できるでしょう（民法４１５条）。

もっとも、損害の立証責任はお店側にあります。実際に発生した損害は、①原材料費、②食材廃棄費、③人件費、④逸失利益などが考えられますが、その算定は意外に難しく、面倒です。

そのため、あなたのお店ではキャンセル料に関する規約（キャンセルポリシー）を定めておくなどの工夫をすることが考えられます。ただし、根拠なく設定されたキャンセル料ですとその規約は法的問題が生じ得ますから（消費者契約法9条）、その点には注意をする必要があります。

CHAPTER2
#2

予約制レストランのキャンセル

キャンセル料はどのくらい?

レストランを営んでますが、シェフは私（Sさん）1人です。また、すべてコース料理なので、予約客以外受けません。なお、ドタキャンされると困るので、「キャンセルは3日前までに。以後はキャンセル料がかかります」と、予約客全員にお願いしています。幸い、ほとんど常連客で、これまで当日キャンセルが出たことはなかったのですが……。

でも今夜、ネット予約の客が時間ギリギリになって、「今夜は行けなくなった」と、キャンセルしてきました。すでに仕込みを終えていて、結果的に1組分の料理は無駄になります。

初めての客ですが、3日前までというキャンセルのルールは、予約時に伝え済みです。出すはずだった1組分の料理代金をキャンセル料として取れますよね。

ネット予約や電話予約に限らず、飲食店は予約する客に対し、「キャンセルは何日前までにお願いします。それ以降はキャンセル料がかかります。」などと、解約の条件を予約時に伝えることができる。客がその内容を承諾して初めて予約が成立する。

もっとも、ドタキャンの予約客に対し、店がキャンセル料の請求をできても、相手が素直に払ってくれるとは限らない。客に払う気がなければ、裁判手続き以外の方法で損害を回収するのは難しい。

3日前までにキャンセルしなければキャンセル料を請求できる

Sさんの店のように、キャンセルについてのルール（3日前まではキャンセル自由）やペナルティー（料理代と同額のキャンセル料）を予約時に客に説明していれば、客はその条件を承諾して予約したことになる。

この場合、店は1組分のコース料理の代金全額をドタキャンした客に請求できる。たとえ、客からキャンセルの連絡をもらっても、それが3日前より後なら、規定のキャンセル料を請求しても構わない。客にはキャンセル料を払う義務がある。

というのは、居酒屋のようにフリーの客中心で、予約客でも来店後に品書きを見ながら注文する店では、団体客のドタキャン（前項参照）を除けば、1人2人の予約客のドタキャンなら、その損失は食材の使い回しや他の客の売上げで十分カバーできる。しかし、コース料理で予約客だけのSさんの店では、急遽フリーの客を入れることは難しいだろう。よって、キャンセル料として請求できる損害額は、コース料理の代金と同額と考えていい。

相手の住所を調べる方法がある

契約上、当日キャンセルの予約客は、Sさんが請求すればキャンセル料を払わなければならない。しかし、請求しても、客は必ずしも払ってくれるとは限らないから、その場合には内容証明郵便で請求書を送るのがいいと、前項で説明した。ただ、電話予約やネット予約の場合、電話番号やメールアドレスしか聞いてない場合がある。

この場合には、相手の住所を確認することは個人では難しい。費用はかかるが、弁護士に依頼し、弁護士会照会制度を利用して調べてもらうといいだろう。

先生のまとめ

使い回しができる費用は請求額から控除されます

あなたのレストランはキャンセル料の規定を設け、予約日からの3日以内のキャンセルの場合キャンセル料が発生する旨定めています。今回のお客がキャンセルを伝えてきたのは予約日当日です。そのため、お店はキャンセル料の請求をすることができます。

キャンセル料の規定は、消費者契約法などの関係法令に配慮する必要があります。本件のようなコース料理の場合、キャンセルによりそれを他のお客に埋め合わせをすることは難しいため、その全額をキャンセル料とすることが可能な場合がありますが、転用可能な飲食物の代金や人件費等がある場合はそれらを控除する必要があります。

最後に「弁護士会照会制度」について補足します。これは、弁護士が、受任している事件について、所属弁護士会を通じ、公務所又は公私の団体に照会して必要な事項の報告を求めることを申し出ることができるというものです。請求をする相手方の携帯電話番号やメールアドレスしか分からないといった場合に、各通信会社へ照会をかけることで、それらの契約者情報が得られる可能性があります。

予約料の前払い制にしました

予約料とキャンセル料の関係

団体客のドタキャンに懲りた私（Rさん・108頁参照）の店では、週末に限り、10人以上の団体客の予約は１人1500円の予約料を事前にもらうことにしました。酒類を除く平均的な客単価の４割程度の金額です。当日のドタキャンに限り、全額キャンセル料としてもらい受けますが、来店の場合はその日の飲食代金から全額差し引きます。

当初、予約料を取ると、他の店に客が流れるのではという不安もありましたが、リーズナブルな値段のせいか、幸い予約客は減りません。

それでも、ドタキャンする客はいます。週末の今日も、予約の団体が１組、何の連絡もなく来ませんでした。全額キャンセル料とすることは予約の際、伝えてあります。予約料は返す必要ないですよね。

キャンセル料の取決めがあってもドタキャンするような悪質な客は、店から約定の違約金（キャンセル料）を払うよう請求を受けても、まず払ってくれないだろう。また、電話予約やネット予約の場合、相手の電話番号とメールアドレスはわかっていても、住所を聞いてなければ請求書も送れない。ドタキャンを防ぎ、ドタキャンによる損害を確実に回収する対策の確立は、これからの飲食店経営には欠かせない。

予約料を取っていれば、ドタキャンされても安心である

飲食店は、ドタキャンした予約客にキャンセル料を請求できるが、請求しても相手が払ってくれるとは限らない。裁判にした飲食店もあるようだが、損害額が少ないと勝っても費用倒れだろう。

しかし、Rさんの店のように、予約客から予約料を前払いしてもらうと、客にドタキャンされても、キャンセル料を回収できないと心配する必要はなくなる。ただし、店の平均的な客単価の金額を著しく超える予約料を取ることは、消費者契約法に抵触し、無効になる可能性もある。また、実際に予約客がドタキャンし、店が予約料から

キャンセル料を回収する場合も、実際の損害額と比べて著しく高額な金額を取ると、同様である。もちろん、事前に預かる予約料や予約料から回収したキャンセル料が妥当な金額であれば、後から客に返金する必要はないだろう。

なお、予約料の入金方法としては、現金や振込みの他、スマホやクレジットカードによる事前決済やデポジット（預かり金）などもある。

予約客の悪口はネットに書くな

飲食店と客とのトラブルがなかなか解決しない場合、イラ立った客がネット上に、店を誹謗中傷する書き込みをすることがある。その内容が悪質で、風評被害を被った場合、店は客に対して、削除や名誉毀損などに基づく損害賠償を請求できることは以前書いた。

ドタキャン客がキャンセル料を払ってくれないからと、怒りにまかせてネット上に投稿することは控えるべきだ。その内容によっては相手から謝罪や慰謝料を請求されることもある。予約料をもらっていれば、こんなトラブルも防げる。

先生のまとめ

高額なキャンセル料は消費者契約法に反します

予約に対するハードルが上がる可能性はありますが、無断でキャンセルされてもお店が損失を出さずに済む対策として、あなたが取り入れた予約料（前受け金）は効果的だと思います。キャンセル料を取れる場合、お客に一々請求しなくても、お店は預かった予約料から、その損害額を回収できるからです。予約料を預からずに定額のキャンセル料を決めておく方法もありますが、お客が支払いを拒んだ場合のお店側の負担が大きいと思われます。

ところで、この予約料は飲食代金の前受け金という意味だけではなく、無断キャンセルなど予約客の行為でお店が被った損害の賠償に充てるという意味を有しています。このような仕組みを取り入れる場合、お客にその旨明示する必要があります。また、無断キャンセルの場合の損害に充てるとしても、その賠償額が、お店に生じる平均的な損害額と比べて著しく高額な場合には、消費者契約法9条に抵触し無効になることもあるので注意してください。もっとも、あなたのお店の予約料は平均的な客単価の4割程度だそうですから、問題はないと思います。

CHAPTER2
#4

常連のために他の客を断った

解除条件付きの予約とは?

私（Tさん）はカラオケ店を経営しています。昨夜9時過ぎに、「二次会に使いたいから1部屋押さえて。後1時間で行くから」と、常連客からメールで予約が入りました。週末の稼ぎ時ですが、常連客の頼みでは断れません。1部屋押さえて待ちましたが、朝までその客は現れなかったのです。その間、何組かの客を断ったのですが……。

私としては、夜9時から翌朝5時まで8時間分の料金をキャンセル料としてもらいたいと、その常連客に請求メールを送りました。でも相手は、「お前の店は、予約時間に着かなければ、他の客を入れるじゃないか。だから、キャンセル料は払わない」と、反論します。

私は8時間分の料金を取れませんか。

居酒屋にしろ、カラオケ店にしろ、今はスマホで簡単に予約ができる。店にとっては、確実に来店する予約客ばかりなら嬉しいが、無断でドタキャンする悪質な客も少なくなく、その対策が悩みの種だ。そうかといって、ドタキャンの予測はまず不可能で、ドタキャンに備えて予約を取り過ぎればオーバーブッキングを起こしてしまう。

店側はドタキャン客に対し、債務不履行や不法行為に基づきキャンセル料を請求できる場合も多いが、相手が応じなければ、その回収は難しい。もちろん、予約客から飲食代金や利用料金の一部を予約料として前払いさせる方法もあるが、前払い制は客に予約を躊躇させる可能性があり、その導入には慎重にならざるをえないだろう。

遅れたら予約を取り消すというルールの場合

Tさんの店に限らず、カラオケ店では予約客のドタキャンは想定内だ。損失を出さないため、ネット予約した客が予約した日時までに来店しなければ自動的に予約が取り消されるシステムの店も多いと聞く。時間に遅れれば、店は他の客を入れるので、予約客でも入店できなくなることもある。もっとも、予約取消しの代わりに、ドタキャンした客にはキャンセル料を請求しないことになっている。ホームページなどの広告に、「キャンセル料不要」と記載してある店も多い。

Tさんの店も、ドタキャンした客の主張通りなら、予約時間に来店しなければ予約を取り消すシステムである。よって、キャンセル料は請求できない。

コース料理を頼んでいれば、その分はキャンセル料を請求できる

Tさんの店は、本来稼げたはずの8時間分の利用料金を得ることができなかった。損失を被ったのも事実である。ただし、その原因を作ったのはTさん本人の判断であり、ドタキャン客は通常、この損失についての責任を負う義務はない。

もっとも、この客がカラオケルームの予約の他に、店内で飲食するコース料理なども頼んでいた場合、「キャンセル料を取れない」という結論は異なってくる。ドタキャンにより無駄になったコース料理の料金はTさんの店の損失で、生じた責任は客にある。よって、店はコース料理の代金相当額をキャンセル料として請求できる（ただし転用可能分などは除く）。

先生のまとめ

「解除条件付きの予約」といいます

カラオケ店のお客が予約を無断キャンセルしてしまうと、その分の部屋を他のお客に利用してもらうことができなくなり、お店に損害が生じ得ます。この場合、お店は予約客に対し、債務不履行や不法行為に基づき損害賠償請求ができる可能性があります。しかし、最近のカラオケ店は、お客が予約時間に来店しなければ、その予約を取り消すという解除条件（民法１２７条２項）付きの予約システムを取り入れているところが多いようです。この場合、予約客に使わせる予定だった部屋には他のお客を入れて利用料金を取れますから、お店に損害は発生せず、キャンセル料を請求することはできない可能性が高いです（実際キャンセル料は発生しないと明記するお店もあります）。

　あなたのお店も同じ予約システムを取っているようですから、お客からキャンセル料は取れません。時間が来ても部屋を空けたままにしておいたのは、残念ながらあなた独自の判断に過ぎないことになります。なお、もしお客がコース料理を注文していた場合には、その分については損害賠償請求の余地があります。

CHAPTER2
#5

「注文していない」とウソをつく客

生鮮食品のネット通販

私（Uさん）は野菜農家ですが、直接消費者の声を聞きたくて、ネット通販による直売を始めました。ほとんどが個人客で、１件当たりの注文数や金額はわずかです。正直、儲けはありません。注文客とのトラブルもすべて自分で対応しなければならないので、時には面倒くさいと嫌気がさすこともあります。

先日も、宅配便で届けた先から、「注文した覚えはない」と、クレームのメールが届きました。しかし、保存していた注文メールで確認すると、同じアドレスの人です。そのことを伝えると、相手は「来てから３日目だからキャンセルできるよな」と言います。返品されても野菜は売り物になりません。返品特約で返品不可としていますし、送った商品の代金は客に請求できますよね。

こんな悪質な客は、まずいない。そう思う読者も多いだろう。だが、注文しておきながら、「俺、頼んでないぞ!」と、平気でウソをつく客もいる。その理由の大半は、注文後に気が変わったからだが、わざとイチャモンをつけトラブルを起こして、あわよくばタダにさせたり、値切ったりする客もいるという。

ただし、本当に注文してない人もいる(原因は第三者の嫌がらせや業者の確認ミスなど)ので、こんなクレームを受けたら、まず着信履歴やメールのアドレスを調べてほしい。すぐに、その相手が注文主かどうかわかるはずだ。

生鮮食品は返品を認める必要がない

Uさんの場合、まず①客が本当に注文をしているのかどうか、②野菜が特定商取引法の対象商品かどうか、を検討してみよう。①は、注文メールとクレームのメールが同じアドレスというのだから、客がウソを付いたことは確かである。

次に、ネット通販には特定商取引法が適用されるが、すべての商品とサービス(役務)が対象になった。Uさんが生産販売する野菜類も対象である。そのため、数日で売り物にならなくなる生鮮食品の場合、ネット注文の画面に「返品に応じない」という返品特約の記載を忘れてはならない。Uさんが広告上に返品特約を書き忘れると、客は8日以内なら返品可能になるからだ。

返品特約があるUさんの場合は、届けた野菜の代金全額を請求できる。

クレームに備えて、メールの保存や電話の録音を忘れるな

このようなトラブルが起きた場合、Uさんのように客のウソを見抜けないと、トラブルが長引くのを嫌って客のクレームを認めてしまう売主もいる。この場合、届けた野菜は返品されても売り物にならないので、おそらく店の対応として「返品は必要ない」と言ってしまう確率が高いと思う。Uさんは注文メールをきちんと保存していたため、そのアドレスからウソと見抜いたが、相手の客はクレームを付けて代金を払わずに野菜をダマし取ろうとしたのかもしれない。

ネット通販に限らず、電話やメールで注文を受けたり、クレームがあった場合、後から確認できるように、必ず電話は録音し、またメールは保存しておくことである。

先生のまとめ

ウソをついた消費者は法の保護を受けません

本件は、特定商取引法上の通信販売に該当しますが、お店は返品特約にて返品不可を明記していますので、あなたは売った野菜の代金を顧客に請求できます（返品特約については本書83頁参照）。

　この野菜の場合、返品されると売り物にならないようですから、特約の記載は忘れないようにしてください。返品特約の記載を怠れば、消費者は理由にかかわりなく契約を解除（解約）でき、あなたは返品に応じなければならないからです（返品費用は顧客の負担です）。

　顧客は「注文した覚えはない」と主張しているようです。もしこれが真実であれば、お店は顧客に対して代金を請求できないことになりますが、注文とクレームのそれぞれのメールにおける送信元アドレスが同一とのことですので、顧客の主張は合理性に乏しいということになるでしょう。

　よって、あなたはその顧客に対し、届けた野菜の代金全額を請求できることになります。

CHAPTER2
#6

注文した本を受け取らない客

契約は成立しているか

商店街の書店ですが、店主の私（Vさん）は通いなので営業は夜7時までです。ただ、メールアドレスを公開していて、メール注文はいつでもできます。注文を受けた本は通常、その翌々日には取次から入荷しますので、届いたら客にメールし、本人でもご家族でも1週間以内に取りに来てもらう仕組みです。仕事帰りに、重い本をかかえて電車に乗らなくても済むと、利用客には喜ばれています。

ところが、2か月前に注文メールで3冊頼んできた客が取りに来ないので連絡すると、「キャンセルする。委託販売だからいいだろう」との返信がきました。注文を受けた際、「キャンセルはできません」と明記した承諾メールを出しましたが、本代を請求できませんか。

新刊本を扱う書店に並んでいる本は、そのほとんどが委託販売だ。書店は売れた本の代金を出版社に払い、売れなかった本は返品できる（配送や決済の事務は取次という卸元が行う）。本が委託販売であることはよく知られているので、「どうせ出版社に本を戻せば済むんだろ。本屋に損はないから、まっいいか」と、軽い気持ちでキャンセルをする注文客も多いと思う。

しかし、委託販売は原則、取次経由で配られた本だけで、書店が客から頼まれ注文する分は買い取りの形になるのが普通である（書店が委託本として返品してくる場合もある）。書店の店頭で、店員が注文客に対し、「キャンセルはできませんよ」と念を押す光景を見かけることがあるが、これはネットや電話での注文も同じである。

売買が成立しているので、客に本代を請求できる

結論から言えば、Vさんはメール注文した客に本の引取りと3冊分の代金の支払いを請求できる。客は店頭注文の場合と同様、注文のキャンセルはできないのである。

ただし、この注文客との取引には、いわゆる「ネット通販」の規定が適用される。

ネット通販では返品特約を注文画面に明記することになっているが、Vさんは、返信メールで「キャンセルできない」と記載したにすぎない。これが返品特約の明記とはみなされない場合、客に本を引き渡してから8日以内のキャンセルには応じなければならない。なお、客に本が引き渡された日とは、Vさんが客に本が届いたことを連絡したときから1週間経った日である。もちろん、返品特約とみなされない場合でも、すでに2か月も経っているので、客は今さらキャンセルできない。

客を誹謗中傷する書き込みや自力救済は禁止である

Vさんは注文客に対し代金の支払いを請求できるし、また裁判などの法的手続きによる代金の回収も可能である。だが、相手が支払いに応じないからと、ネット上に、その客の実名をあげて代金を支払わない事実を書き込んだり、また自宅や職場に押しかけ、代金支払いを強要したり、取り立てる行為（自力救済という）は絶対にしてはならない。ネットへの書き込みはプライバシー侵害や名誉毀損になり、また支払いの強要は違法行為として、相手から訴えられる恐れもある。

先生のまとめ

顧客に承諾メールが届いたときに契約が成立します

あなたが注文客と結んだ本に関する売買契約は、一方当事者からの「売ってください」という申込みがあり、それに対して他方当事者が「売ります」と承諾した場合に成立します。本件のように実際に顔を合わせることなく契約を結ぶ場合について民法は、「隔地者間の契約は、承諾の通知を発した時に成立する。」と定めています（民法526条1項※）。もっとも、メールなどの場合、電子契約法は、契約を受けるという承諾のメールが相手に到達した時点で契約成立とします。本件では、顧客からの申込みのメールに対し、お店が承諾の返信メールを送り、そのメールが相手に届いた時点で契約成立ということになります。

なお、この取引は「通信販売」ですから、返品特約が明記されてなくても、顧客がキャンセルできるのは、あなたから顧客に「本が届いた」と連絡後、8日以内です。ただし、「キャンセルできない」と返信メールに書くのではなく、注文画面に「メール注文は返品不可」と、忘れずに返品特約を明記しておくことです。

※令和2年4月施行の改正民法から、隔地者間の契約の「承諾」も「到達主義」に変わります（改正法522条1項）。

CHAPTER2
#7

温泉宿の無断キャンセル

宿泊約款の重要性

温泉客に人気の宿（W屋旅館）ですが、最近では、旅行会社で予約を取る客より、自分でネット予約をしてくる客の方が多くなりました。ただ、ドタキャンされた場合、宿泊約款で定めたキャンセル料を取るのが難しく、困っています。

先日も、ネットで４人分予約した客が、当日無断でドタキャンしたんです。当館では、当日キャンセルの場合、宿泊料金全額をもらうと、ホームページ上の宿泊約款に明記してあります。その客も、予約画面上でその内容を承諾した上での予約です。ただ、この客は当日現金払いでしたので、メールでキャンセル料を請求すると、「キャンセル料の話は初耳だ。宿泊してないから払わない」と、返信が来ました。

宿のキャンセル料は、宿泊約款に明記されている。ただし、個々のホテルや旅館により、その金額（宿泊料金に対する割合）は多少異なる。数人の予約の場合、一般的には、連絡の有る無しに関わらず当日キャンセルは宿泊料全額、前日の連絡は80％、2日前は50％、それ以前の数日間は30％～20％を取る定めだ。

なお、ネット予約ができる宿では、ホームページなどの広告や注文画面に、具体的なキャンセル料の金額（割合）を明記しているのが普通である。

当日キャンセルは宿泊料金を全額取れる

W屋旅館でも、ホームページ上にキャンセル（契約の解除）についての規定を盛り込んだ宿泊約款を公開している。その約款には、当日キャンセルの場合は、「宿泊料金の100％に当たるキャンセル料がかかる」ことが明記されている。この客は、その規定を確認し、承諾した上で予約しているから、「キャンセル料の話は知らなかった」という言い訳は通用しない。当日ドタキャンした以上、4人分の宿泊料金全額をキャンセル料として支払わなければならない。

旅館の予約の場合、宿泊者の住所を聞くのが普通なので、W旅館はドタキャン客に対し、規定のキャンセル料を支払うよう、その住所に請求書を送ればいいと思う。

ネット予約の客には前払いしてもらうとドタキャンが防げる

予約客の当日ドタキャンには、100%のキャンセル料がかかることになっていても、W屋旅館のように宿泊料金の当日払いを認めると、ドタキャン客がキャンセル料を払ってくれない事態も起こる。こんな場合、請求書を出しても無視されたら、最終的には民事裁判を起こして勝訴判決をもらい、相手の資産を差し押さえるしかない。ただ、その客に対し、宿泊代金を超すキャンセル料を求めることは難しいので、勝訴判決を得てキャンセル料を回収できても、費用倒れに終わる可能性が高いだろう。

ドタキャンされてもキャンセル料を確実に回収できるように、ネットで宿泊を予約する客からは、旅行会社を通じての予約のように、事前に宿泊代金を前払いしてもらうといいだろう。代金前払いの場合、キャンセル料が取りやすくなるだけでなく、予約客の無断ドタキャンも減るはずだ。

先生のまとめ

宿泊約款があれば解約料を請求できます

ホテルや旅館など旅館業者が、宿泊客に対し、提供するサービスやキャンセル料など、トラブルが起きた場合のルールを具体的に記載したものを「宿泊約款」と言います。

この宿泊約款については、政府登録ホテル・旅館は観光庁への届出が義務付けられています（国際観光ホテル整備法11条）が、それ以外の旅館やホテルは宿泊約款の作成を法律上義務付けられてはいません。ただ、多くの宿では宿泊約款を作成し、フロントや各部屋に備え付けており、そこにはキャンセル料に関する記載があることが通常です。

また、ネット予約ができるホテルや旅館では、ホームページ上や申込画面に宿泊約款の内容を明記し、予約客はその内容を確認し、「承諾」ボタンをクリックしないと、予約自体が完了しないことが多いと思います。本件の予約客も、あなたがHP上に記載したキャンセル料について承諾した上で予約をしていますから、「聞いていない」という言い訳は通用しません。

あなたは予約客に対し、堂々とキャンセル料を請求すればいいのです。

CHAPTER2
#8

民泊のキャンセル料は?

仲介事業者に頼らず予約を受ける場合

妻と私（Oさん・92頁参照）は自宅を改装、住宅宿泊事業者の登録をし、民泊を始めました。観光地までのアクセスがよく、集客を頼んだ仲介サイトを通じて予約が常に入り、最近まで営業日はほぼ満室でしたが、私の成功を知った近隣の民家が次々に民泊を始めたのです。そのため、予約が入らず空室の日も目立つようになりました。

そこで、サイトの了解を得て空室のある週は、ネットや電話で直に予約を受けることにしたんです。

でも、そんな直の予約客がドタキャンした場合、客からキャンセル料を取れますか。一応、予約を受ける客は日本国内に住んでいる人で、相手から住所とクレジットカードの番号は聞くことにしています。

2018年（平成30年）に日本を訪れた外国人旅行者は3119万人（日本政府観光局・推計値）で、年々増加している。これら旅行者の宿泊場所として、民泊が大きな役割を果たすことは間違いないだろう。ただし、民間の空家や空室を利用できるように旅館業法の規制を緩和したため、新たに民泊事業を始める人は、それまで旅行業に携わった経験のない人も多いと思われる。そのため、宿泊客とのトラブルや予約客のドタキャンが起きたとき、どんな対応をすればいいか、事前にその対策マニュアルを作り、実際のトラブルを想定した訓練をしておく必要がある。

直に予約客を取ると、すべての事務を自分ですることに

Oさんのような民泊事業者は、集客を委託した住宅宿泊仲介事業者や旅行業者から宿泊客を受け入れるのが一般的だ。予約業務も宿泊料の徴収も、宿泊条件の説明も、事業者が宿泊者を民泊施設に迎え入れて「おもてなし」を始めるまでの一切の事務手続きはすべて、仲介事業者がしてくれる。当然ドタキャンした予約客へのキャンセル料の請求も、事前決済などを済ませていた場合の返金も、仲介事業者がしてくれるの

で、民泊事業者自身は何もしなくてすむ。

ただし、Oさんのように直で予約を取る場合には、仲介事業者がしてくれていた事務手続きすべてを自分一人でしなければならない。トラブルが起きた場合の対応も同様である。特に、予約客に当日ドタキャンされた場合のキャンセル料の請求など、面倒なことも少なくないと思う。

予約時にはキャンセル料の説明を忘れるな

Oさんの場合も、直で予約を受ける際は、相手に「ドタキャンするとキャンセル料がかかる」ということを忘れずに伝えてほしい。この説明をしていると、事前決済で宿泊料をもらっている場合はキャンセル料との差額を返金すればよく、また当日決済の場合には相手に説明したキャンセル料を請求できる。

しかし、その説明を忘れると、ドタキャンにより損害を受けたことを立証しないとOさんはキャンセル料を請求できない。しかも、その損害額の計算は難しく、面倒である。クレジットカードの番号を聞いただけでは解決策にはならない。

先生のまとめ

キャンセル料の説明をしているかどうかです

民泊事業者の多くは、旅館業の経験がない人だと思います。そのため実際の集客、宿泊希望者から宿泊の予約を受け付けて事業者に宿泊者を紹介する仕事はプロ（住宅宿泊仲介事業者または旅行業者）に委託するのが普通です。もっとも、民泊事業者は直に宿泊者を探し予約を受け付けることもできます。

仲介事業者は、キャンセル料などを規定した住宅宿泊事業者約款を宿泊者に交付し、説明する義務がありますが、あなたのような民泊事業者は、約款を宿泊者に交付したり、説明したりする義務はありません。そのため、宿泊客から直接予約を受け付ける場合に、キャンセル料などの話をするのを忘れてしまう可能性もあります。もし忘れてしまうと約款に規定されているような定額のキャンセル料を請求することはできず、請求に際してハードルが生まれてきます。

あなたが予約客に対してキャンセル料の請求ができるか否かは、予約を受ける際にキャンセル料の説明をしていたか否かによります。なお、キャンセル料の説明をする方法は、口頭ではなく、メールなどの形の残る方法で行うべきでしょう。

CHAPTER2
#9

複数のタクシーを呼ぶ乗客

運送約款とキャンセル料

私（Xさん）はタクシーの配車係ですが、最近、予約客のドタキャンに悩まされています。配車したタクシーが客の指定場所に着くと、誰もいないというのです。予約した相手の電話やメールにかけ直しても連絡が付きません。

初めは、いたずらとも思いましたが、ドタキャンされた運転手たちの話をまとめると、どうやら客は何社ものタクシー会社に予約を入れ、その中で一番早く来た車に乗っているようです。もちろん、遅れて後から来るタクシーには何の連絡もありません。

わずかな距離ですが、運転手の労力とガソリン代はかかります。こういう悪質なドタキャン客からは、せめて迎車料＋１メーター分の運賃をキャンセル料として取りたいのですが、無理ですか。

少し前まで、携帯電話の電話帳にタクシー会社の配車センターの番号を入れていた人は多かったと思う。また、駅や病院、役所など公共施設には、その周辺のタクシー会社の電話番号を書いた紙が貼られていたはずだ。しかし、スマホの普及とともに、今では配車アプリさえダウンロードしておけば、どこからでも簡単にタクシーを呼ぶことができる。

請求はできても、相手の特定が難しい

タクシーの運送約款によれば、タクシー運賃は客がタクシーを降りた時に請求できることになっている。一般的には、運賃は距離時間併用制で、客がタクシーに乗った時から運賃計算が始まることになっている。しかし、予約（迎車という）の場合、その運賃は客の指定場所にタクシーを向かわせた時（客に対し手配したタクシーの番号を連絡した時）からかかる。

このことから、予約をキャンセルした場合、少なくとも迎車料とその地点までの運賃（通常は初乗り）は、たとえ乗らなくても客に請求できると思う。ただし、実際の

扱いでは、客がタクシーの到着前にキャンセルの連絡を入れた場合には、請求を免除することになっているようだ。

もっとも、Xさんの予約客のように、他のタクシーに乗ってしまい、指定した場所にいなければ、その場で運賃をもらうことはできない。配車センターには、相手の電話番号やアドレスが保存されているから、支払いを請求することはできるだろう。ただ、相手が無視したり、支払いを拒否すれば、現実的には回収することは難しい。

ドタキャン客からの予約を拒否するしか対策はない

実際、タクシーを呼んだのに、待っている間に他のタクシーが捕まったのでその車に乗ってしまったという話は、これまでにもあった。だが、配車アプリを使って複数のタクシー会社に重複した予約を入れるやり方は悪質である。相手の特定は難しく、また請求できても相手が払ってくれないことも多いからだ。

複数の予約を入れる客には、該当の電話番号やアドレスを他のタクシー会社と共有し、その番号やアドレスからの予約は拒否するなどの対策もやむを得ないだろう。

先生のまとめ

運送約款で明確に規定しましょう

タクシー会社と乗客との間のルールについては、タクシー会社が運送約款を定めていることが通常であり、その内容は国土交通省が作成した一般乗用旅客自動車運送事業標準運送約款（以下「標準約款」といいます。）に依拠していることが多いと思います。そこにはタクシーの運賃の支払い方法について、乗客が下車する際に運賃を請求する旨書かれています。

もっとも、本件のようなドタキャンの場合において、標準約款には特にキャンセル料に関する規定がありませんので、各タクシー会社は個別に取り決めるなどしています。

さて、あなたは「迎車料＋1メーター分の運賃をキャンセル料として取りたい」とのことですが、この内容について、御社の運送約款等で規定されていますでしょうか。そうでない場合には、御社が損害を証明しないといけないので、必ずしも「迎車料＋1メーター分の運賃」を請求できるとは限らないということになってきます。

運送約款を見直してみてください。

Column3

悪質な客はブラックリストに載せろ

居酒屋に限らず、ドタキャン客は店や会社にとって迷惑以外の何者でもない。キャンセル料を取れないからと諦めて、何の対策も取らずに放置すると、同種の客をはびこらせ、大きな弊害になる。

アドレスから予約拒否にする

スマホやパソコンを使っての予約が当たり前になった今日、業者側は相手の電話番号とアドレス以外、わからないということも珍しくない。

法律的にはキャンセル料を請求できても、回収するのは難しいのが現実だ。

その対策として、飲食店では予約料の名目で前払いさせる方法が使えると思う。また、無断でドタキャンする電話番号やアドレスからの予約を拒否する方法も効果があるだろう。住所や本名を調べるのは困難でも、悪質なドタキャンを繰り返させないことはできる。

なお、このデータを業者間で共有することができれば、一種のブラックリストとなり、多くの業種から悪質な予約客を閉め出すことができるだろう。ただし、個人情報保護の問題もあり、ハードルは高いようだ。

第3章

誹謗中傷と風評被害に打ち勝とう

風評被害の損害賠償等を要求できるか?

いいえ

投稿は、批評・批判、感想で、削除や修正は請求できない（表現の自由として保護）。

クレーム電話の対応で仕事に支障が出ている。ウソや誹謗中傷でなければ、削除や修正を求められないのか?

精神的苦痛や
仕事の遅れなどで
損害を受けましたか

いいえ

はい

投稿者に削除、損害賠償や修正を請求できるが、相手が応じるとは限らない。相手が応じない場合は裁判で決着をつけるしかない。※

※削除に応じない場合、サイトの運営管理者やプロバイダーに要請する方法もある。

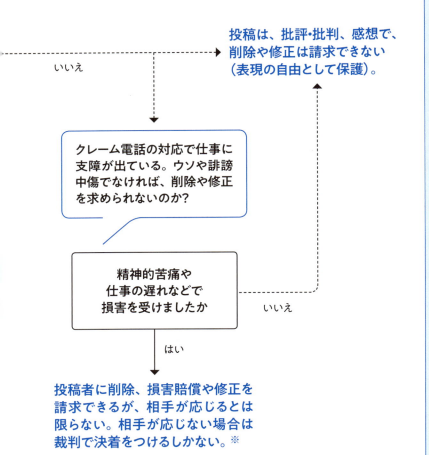

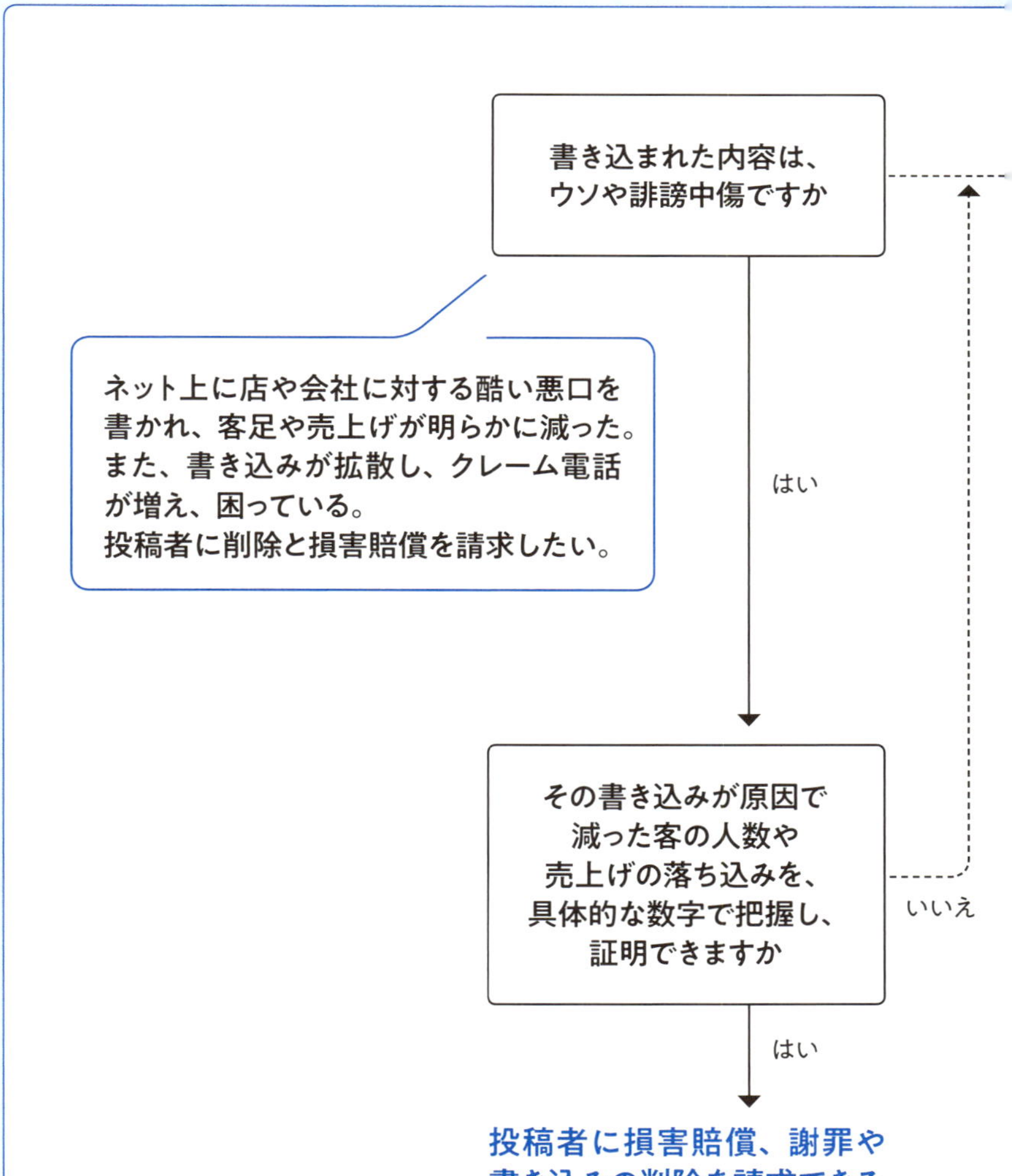
ネット上に店や会社に対する酷い悪口を書かれ、客足や売上げが明らかに減った。また、書き込みが拡散し、クレーム電話が増え、困っている。
投稿者に削除と損害賠償を請求したい。
書き込まれた内容は、ウソや誹謗中傷ですか
はい
その書き込みが原因で減った客の人数や売上げの落ち込みを、具体的な数字で把握し、証明できますか
いいえ
はい
投稿者に損害賠償、謝罪や書き込みの削除を請求できる。

CHAPTER3
#1

「倒産寸前」というウソの書き込み

風評被害は救済されるか?

食品加工会社（AB社）ですが、顧客だったスーパーが代替わりし、取引条件の変更を求めてきました。納品価格値下げなど、とても受け入れられる条件ではありません。仕方なく契約を打ち切りました。

ところが、そのことに怒ったスーパーがネット上に、「AB 社の製品は粗悪品だ」とか、「AB 社は倒産寸前だ」などというウソの書き込みをしたのです。そのせいで、注文のキャンセルも出ましたし、取引銀行も融資を渋っています。スーパーに抗議すると、相手は、「取引条件を飲んで納品をしてくれるなら削除してやる」と、削除に応じません。

このままだと風評被害が拡がるばかりです。書き込みを削除させる方法はないですか。また、風評被害の賠償も請求できませんか。

このＡＢ社に限らず、客である納品先からの要請は無下には断れないだろう。相手もそのことをよくわかっていて、無理な値引きや不当な返品などを押しつけてくる。納品先が大企業で、仕入先が中小零細の場合、「下請けいじめ」などとニュースで取り上げられることもあるが、取引社会では日常的に起こっていることだと思う。

相手が削除してくれなければ、サイトに削除要請をする

ＡＢ社の言い分を信じれば、その製品は粗悪品などではなく、また倒産寸前という経営状態でもない。とすれば、相手スーパーの書き込みは、まったくのウソ（虚偽という）で、その投稿は契約打切りへの意趣返しと考えられる。当然、ウソとわかっていて投稿しているのだから悪質で、ＡＢ社はスーパーに対し、書き込みの削除を要求することができる。相手が削除を拒否した場合には、投稿したサイトの運営管理者やプロバイダーに、その書き込みの削除を直接要請すればいい。

具体的には、サイトやプロバイダーに対し、「送信防止措置依頼書」を提出し、虚偽の投稿内容で風評被害を受けているので、相手スーパーの書き込みを削除してほし

いと要請するのである。ただし、「表現の自由」との関係で、リベンジポルノと違って、必ず書き込みが削除されるとは限らない。

名誉毀損で損害賠償を請求できる

相手のスーパーの書き込みは、事実ではなく、まったくのウソだというのだから、明らかに悪意ある書き込みだ。その投稿により、キャンセルや銀行の融資が止まるなどの風評被害も起きている。ＡＢ社はスーパーを相手に、名誉毀損に基づく損害賠償も請求できるし、場合によっては業務妨害で刑事告訴も可能だろう。

もしＡＢ社が、取引を中止せずに相手方スーパーとの関係を保ちたいという場合は、損害賠償請求訴訟や刑事告訴をチラつかせながら、取引条件の引上げを交渉するのも一つの方法ではある。

ただし、このまま書き込みを放置しておくと、拡散して風評被害が大きくなる可能性が高い。ＡＢ社は相手方に、書き込み削除を強く要求すべきだろう。

先生のまとめ

風評被害の賠償請求は専門家に相談しましょう

御社について、「粗悪品」「倒産寸前」などと、事実とは異なる虚偽の内容をネット上に投稿した相手スーパーの行為は、御社に対する名誉毀損等に該当する可能性が高いです。これは、民法上の不法行為（７０９条）に該当しますので、損害賠償請求ができると思われます。

もっとも、本件のような損害賠償請求を行う場合、風評被害によって生じた損害を具体的に立証できなければなりませんが、実際は容易ではありません。ですので、もし請求を考えるのであれば、弁護士に相談されることをお勧めします。

また、本件は信用毀損罪等に該当する可能性もありますので、刑事告訴も検討できます。

さらに、相手は書き込みの削除を拒否したそうですが、本件の書き込み内容は御社の経済活動に影響を与える内容ですので、サイトの運営管理者やプロバイダーに削除要請をした方がよろしいかと思います。こちらについても、専門家である弁護士に依頼される方がスムーズでしょう。

逆ギレによる誹謗中傷

慰謝料を請求できるか?

観光地で土産物店を営んでいますが、客の中には、店の商品を乱暴に扱ったり大声で騒いだりする「ちょっと困った客」もいます。ただ、客とトラブルを起こしたくないので見て見ぬふりをすることも少なくありません。でも先日、居合わせた女性客にしつこく連絡先を聞く男３人の客を見つけた時は、私（Ｙさん）もきつく注意しました。

男たちは私に詰め寄りましたが、店の従業員が「警察呼んだ」と叫ぶと、慌てて店から逃げ出しました。ただ、その翌日、ネット上に私と店を誹謗中傷する書き込みをされ、直後から風評被害で客がガタ減りです。

文面から見て、投稿したのは３人組だと思いますが、名誉毀損で慰謝料を取れませんか。もっとも、彼らの住所や名前はわかりません。

他人から行いを注意されると、たとえ自分に非があっても、「不愉快だ」と感じる人は多いと思う。その際、ムッとして相手を睨み付けたり無視する人もいれば、逆ギレして突っかかる人もいる。最近では、Yさんに注意された男たちのように、ネット上に悪意ある書き込みをして、鬱憤を晴らす人も少なくないようだ。

誹謗中傷で風評被害が出れば、投稿者に損害賠償を請求できる

ネット上に、Yさんと店を誹謗中傷する書き込みが投稿された直後から客がガタ減りしたというのだから、その書き込みによる風評被害と考えてもいいと思う。とすれば、Yさんと店は、その投稿者に対し、名誉毀損等に基づく損害賠償を請求できる。この場合、客が減ったことによる売上げの減少・減益など営業上の損失だけでなく、精神的苦痛による慰謝料も請求できるだろう。また、誹謗中傷により、Yさんと店の社会的評価が貶められたのだから、投稿者には謝罪も要求したらいい。書き込みをしたネット上に謝罪広告または謝罪文を掲載するよう求めたらいいだろう。

ただし、風評被害の立証はYさん側がしなければならず、その立証は容易ではなく、

損害額の算定も同様である。風評被害を受けた場合には相手に要求する前に、弁護士など専門家に相談することをお勧めする（前項参照）。

相手の名前と住所を調べることも可能

Ｙさんと店は、投稿者に対し、誹謗中傷の書き込みをネット上から削除させることが最優先である。相手の投稿に、「投稿内容は事実ではなく、また誹謗中傷に当たるので削除を求める」旨の反論コメントを付け、相手が削除に応じない場合は、サイトの運営管理者やプロバイダーに書き込みの削除を要請すればいいだろう。

なお、Ｙさんは前後の状況から、投稿者が前日トラブルになりかけた３人組と推測しているに過ぎない。また、損害賠償を求めるなら相手の住所氏名を知る必要があるが、そのためには、サイトやプロバイダーに、相手のＩＰアドレスなど発信者情報の開示を求めなければならない。この手続きは個人でもできなくはないが、かなり面倒で難しいので、弁護士に依頼することをお勧めする。

先生のまとめ

営業損害がなくても慰謝料が取れるでしょう

誹謗中傷の書き込みは、不法行為です（民法709条）。あなたとお店は、その書き込みよって名誉を毀損されたり、信用を毀損されたりしていますので、投稿した顧客に対し、名誉毀損等に基づく損害賠償を請求できます。また、名誉回復のため「ネット上に謝罪文の掲載を要求する」など、謝罪を求めることも可能です（法723条）。

請求できる損害の種類には、①減収・減益など実際の損害額と、②精神的な慰謝料があります。損害額は具体的に立証しなければなりません。そして、損害が書き込みによる風評被害によって生じたということ（因果関係といいます）についても立証する必要があります。

なお、精神的な慰謝料についてですが、あなた個人が書き込みにより受けた精神的苦痛を損害として請求していくことは可能です。これに対し、土産物店については、精神的苦痛はありませんので、慰謝料請求という点では難しいということになります（お店が慰謝料請求をするという話は、お店が法人格（たとえば株式会社や合名会社）を有していることが前提になります）。

CHAPTER3
#3

有名人によるSNS投稿

表現の自由との関係

ラーメン店（CD屋）ですが、最近、「行列ができる人気店」としてメディアにも取り上げられました。でも、人気が出たことで予想もしなかったトラブルが起き、正直困っています。

少し前、有名人が来店した時のことです。特別扱いせず順番待ちの列に並んでもらったのが不満だったらしく、店を出た直後、SNS に「長時間待たせた割には大した味じゃない」と投稿されました。味の批判にとやかく言うつもりはありませんが、投稿を見た彼のファンが大量に抗議メールを送り付けてきたんです。売上げは減ってませんが、抗議メールで店の HP が炎上し、営業案内もできなくなりました。

グチを書き込んだ有名人に謝罪と損害賠償を請求できませんか。

インスタグラムやツイッターなど、SNSを利用する有名人は少なくない。中にはフォロワーが100万人を超す有名人もいて、その投稿内容の影響力の大きさは計り知れない。もちろん、他人の行動を批判したり誹謗中傷する書き込みをして、自身のSNSが炎上することもある。だが、その一方で、有名人の書き込みに乗っかって、ネット上に有名人の批判相手を攻撃する投稿を行う「困った人」もいるようだ。

その結果、このラーメン店のようにHPが炎上したり、ときには風評被害を受けることもある。そんな場合、書き込みをした有名人の責任は問えるのだろうか。

批判や批評の投稿は名誉毀損には当たらない

結論から言えば、ラーメン店はグチを書き込んだ有名人に対し、謝罪も損害賠償も請求できない。たとえば、書き込みが事実に反したり、店を誹謗中傷する内容だったとしよう。風評被害による損害が出れば、店は有名人に対し、名誉毀損に基づく損害賠償や謝罪を請求できるだろう。だが、実際の書き込みを見てみると、「長時間並んだ」とか味についての評価で、個人の感想や批評を述べものにすぎない。

このラーメン店は、店に来た有名人が並ばせられたことに腹を立て意趣返しで投稿したと言いたいようだが、その内容にウソも誹謗中傷もないから、名誉毀損等には当たらない。また、この店のプライバシーを侵害する内容でもなく、その書き込みが原因でHPが炎上しても、店は投稿者に対し、謝罪も損害賠償も要求できない。

もちろん、有名人がSNSを見るファンに向け、この店に抗議メールを送るように指示をしていれば、その責任を問える場合もあると思う。

批判や批評の書き込みは削除の要求も認められない

有名人のSNSの影響力を考えれば、この店を批判する書き込みをこのままにしておいては、さらに拡散して、集客や売上げが減るような風評被害が起きないとも限らない。ただ、投稿内容は批判または批評で、悪意のある書き込みではないため、有名人に削除を拒否されれば、この店には書き込みの拡散を防ぐ方法がないということになる。サイトの運営管理者やプロバイダーに削除を要請しても、表現の自由だとして拒否されるだろう。

先生のまとめ

批判や批評の書き込みは投稿者に責任を問えません

有名人の投稿が名誉毀損に該当すれば民事上の不法行為責任に問われることになります。名誉毀損に該当するか否かのポイントは、他人や企業の社会的な評価を低下させたか否かです。もっとも、表現の自由として自由な意見表明も保護されるべきという要請もあり、一定の場合には名誉毀損が免責されると考えられています。そのポイントは、①目的が公益を図るものか否か、②意見表明の前提となる事実のうち、その重要部分が真実との証明があるか、又は、真実でないとしても真実であると信じるにつき相当な理由があるか否か、③人身攻撃に及ぶといった意見表明の域を逸脱したものであるか否か、あたりになります。

本件において、お店の情報は他の人にとって非常に参考になるので、有名人の投稿は公益を図る目的があるといえそうです（①）。また、投稿は「待たされた時間の割には美味しくなかった」という主観的な内容なので②が問題になる可能性は低く、投稿内容も意見表明の域を逸脱したものとまでは言えないでしょう。

よって、有名人の法的責任を追及することは難しいと考えます。

CHAPTER3
#4

100%ウソの投稿

刑事告訴も検討すべき場合

予約料を取ることでドタキャン客は減りましたが、今度は客の１人が私（Rさん・108頁、116頁参照）の店の悪口をネット上に投稿し、それが拡散して、まずいことになってます。

私の店は元々安い居酒屋なのに、その客は支払いの際、「高すぎるから負けろ」と言ってきたんです。もちろん、断りましたよ。すると、私の店が、「客の食べ残しを他の客に出している」とか、「食器をロクに洗わない」などと、ネット上に100%ウソの内容を投稿し、さらに「食中毒を出したらしい」とも書き込んだのです。

その投稿を見た予約客が次々にキャンセルし、私の店は大損害です。この客から損害賠償を取れませんか。

飲食店にとって、口コミは重要な集客手段である。特に、SNSで書き込まれる客の評価は、その後の経営状態を大きく左右する。客の評価が高ければ、その日から行列のできる名店の仲間入りをする。だが、評価が低かったり、Rさんの店のようにトラブル相手の客にウソや誹謗中傷の書き込みをされ、それが拡散すると、たちまち客離れが起きるリスクもある。悪意ある書き込みを見つけたら、すぐに削除の要請ができるよう、店や経営者はエゴサーチを欠かしてはならない。

名誉毀損や営業妨害で、投稿客に損害を請求できる

「悪意ある書き込み」とは、その店の信用や社会的評価を貶める目的で、ネット上に投稿したウソや誹謗中傷を言う。客が、その店の雰囲気や店員のサービスが良くないと思ったり、味がまずいと感じて、そのまま正直に投稿することは批評や批判で、たとえ店側やその書き込みをみた第三者が「悪口」と感じても、ここでいう「悪意のある書き込み」ではない。このような批評や批判の書き込みについては、店側は削除を請求することはできず、また損害が生じても、その賠償を請求できない。

もっとも、Rさんの店の客がネット上にアップした書き込みは明らかにウソで、客が書き込んだ内容を信じたと思える事情もない。書き込みは、店の信用を間違いなく貶め、しかも拡散した結果、多くの予約客のキャンセルという風評被害も生じたのである。Rさんとしては、その客に書き込みの削除を請求できるだけでなく、キャンセルにより生じた損失を、投稿した客に対し請求できると思う。

悪質なので、警察に被害届を出すといい

投稿した客が削除に応じない時は、サイトの運営管理者やプロバイダーに削除要請ができることは、これまでにも何度か説明している。Rさんとしては、これ以上拡散しないように、書き込みに気づいたら、すぐに削除を求める必要がある。

また、書き込みは、Rさんの店が「食中毒を出した」など、著しく内容が悪質である。その書き込みにより大きな風評被害も生じていることを考えると、その客の行為は営業妨害と言える。Rさんとしては、損害賠償とは別に、警察に被害届を出すか、信用毀損や業務妨害で告訴することだ。

先生のまとめ

損害賠償だけでなく刑事告訴も検討すべきです

この顧客の書き込みは、あなたのお店の社会的評価や経済的な信用等を著しく貶めるものです。そこに公益を図る目的が無いのは確実でしょうし、その内容が真実であったり、真実であると信じるにつき相当な理由があったりする事情もなさそうです。

そのため、あなたは、この書き込みをした者に対し、名誉毀損や信用毀損、営業妨害等を理由とする不法行為責任を追及することができます（民法７０９条）。

そして、予約客のキャンセルに伴う売り上げの減少は、今回の投稿が影響しているでしょうから、この売り上げの減少分も損害賠償請求の対象となります。また、謝罪広告の請求を行うことも考えられます。

今回の書き込みは極めて悪質な内容です。本件のような場合、これまでに述べたような民事上の責任追及だけでなく、刑事上の対応として、信用毀損罪や業務妨害罪として刑事告訴することも可能ですので、こちらを検討することも考えられます。

CHAPTER3
#5

わがままな客とのトラブル

誹謗中傷が拡散する前の対応

「配達と設置は無料」という宣伝文句が効を奏したのか、ネット注文の客が増え、郊外の大型量販店に押され気味だった私（Fさん・56頁参照）の電器店の経営状態も何とか持ち直しました。ただ、その一方で、わがままになった客とのトラブルで振り回されています。

先日も、電子レンジを使用方法に反して空焚きし、壊したネット注文の客の交換要求を断ったら、その客が私の店を誹謗中傷する書き込みをネット上に立て続けにしたのです。余りにひどいので、書き込みを削除するよう頼みましたが、「表現の自由だ」と、聞いてくれません。それどころか、私に「脅された」というウソの書き込みもしたのです。まだ、風評被害はありませんが、削除と謝罪を求めたいのですが。

電化製品の場合、照明器具など一部の製品を除けば、販売から1年間はメーカーの保証が付いているのが普通である（量販店などでは独自の期間延長保証を付ける場合もある）。製品が故障しても保証期間内なら、故障の原因が購入者の故意や重大な過失によるものでない限り、メーカーは無償で修理してくれ、場合によっては機器の交換もしてくれることがある。

もっとも、Fさんの店の客は、用法違反（メーカーが禁じている使用方法）により電子レンジを壊したのだから、故意または重大な過失による故障にあたる。よって、たとえ保証期間内であっても、この客はメーカーに保証を要求できない。

風評被害が出る前に書き込みを削除させること

この客は、すでに一度無償修理を受けており、用法違反は保証の対象外ということも知っている（56頁の相談内容参照）。にもかかわらず、無償修理を再度ゴリ押しし、要求が通らないと、ネット上にFさんの店を誹謗中傷する書き込みや、「脅された」などというウソの投稿をしたのだから、悪質である。Fさんは、この客に対し、書き込みの削除と謝罪を要求できることは言うまでもない。相手が削除に応じなければ、サイトの運営管理者やプロバイダーに削除要請を出せばいいだろう。

また、この書き込みはFさんの社会的信用を貶め、名誉を傷つけたのだから、Fさんは慰謝料など損害賠償も請求できると思う。

氏名住所がわかれば内容証明を送り付ける方法も

Fさんの店は注文を受けた電化製品を配達しているのだから、ネット注文の客でも、相手の氏名や住所はわかっているだろう。このようなクレーマーに対しては、サイトなどに削除要請するだけでなく、「ネットから書き込みを削除しなければ、名誉毀損で訴えることもある」という趣旨の内容証明郵便を送り付ける方法もあると思う。

これまでに何度も説明しているが、書き込みは放っておくと拡散する。クレーマーの書き込みは削除できても、拡散したものまで、そのすべてを削除することは不可能だろう。今はまだ、風評被害が出ていないようだが、このまま放置すると、いつ風評被害が出るかわからない。何よりも先に、書き込みの削除をさせることである。

先生のまとめ

悪質クレーマーにはしっかり対応を取りましょう

本件において、用法違反であることをきちんと事実確認し、その旨を丁寧に説明しているのであれば、御社の対応はルールに基づいたものであり、何ら問題はありません。

このようなパターンの顧客に対しては、向こうの考えを尊重しつつ、こちらの考えを繰り返し説明して拒絶することが考えられます（もちろん話が平行線になることは覚悟する必要があります）。

そして、それでも埒が明かないような場合には、悪質クレーマーとして、弁護士を交渉窓口にすることが望ましいと思います。

さて、今回あなたは、顧客によって誹謗中傷するような内容が書かれています。ですから、あなたは問題の顧客に対し、書き込みの削除や損害賠償請求、そして謝罪広告の掲載などの請求が可能です。

配達先なので相手の住所氏名はわかっているはずです。なので、書き込みをした者に対して、先ほど述べたような請求をしていく場合には、こちらの請求内容を形に残すため、内容証明郵便を送ることになるでしょう。

CHAPTER3
#6

誹謗中傷の拡散で閉店の危機

拡散後の対応について

私（Gさん・60頁参照）のブティックでは、来店して服を買った客が後日、商品を返品したいと言ってくることがあります。店頭販売はクーリング・オフの対象外だと断ることもできますが、一度揉めたこともあり、最近は１週間以内の返品や交換には原則応じるようにして、客にもそう説明しています。

でも、数日前に返品に来た客は、購入後３か月以上経ったアウター数点を返品したいと持ってきたんです。何度も着ているようなので、さすがに断りました。

すると、その客がネット上に私の店を誹謗中傷する書き込みをして。それが拡散したせいで、急激に客が減りました。このままでは、閉店に追い込まれそうです。この客に、損害賠償をさせられませんか。

スマホやパソコンがあれば、誰でも簡単にネット上に自分の意見を書き込むことができる。その内容が真実でないウソやデマカセでも、また第三者を誹謗中傷するものでも、何のチェックもされずにアップされ、しかも第三者にシェアされて次々に拡散する。その結果、Gさんの店のように風評被害を受けることもあるが、困ったことに、被害者が、その書き込みを削除したり、投稿者に対して謝罪や損害賠償を求めることができるハードルは、かなり高いのが現状だ。

書き込みの削除と賠償を求めればいい

Gさんの店が、その客の返品要求を拒否したことには、法律上、何の問題もない。一方、理由がどうであれ、この客がGさんの店を誹謗中傷する書き込みをネット上にアップしたことに何ら正義はなく、不法行為にあたる。

Gさんとしては、相手に書き込みの削除を要求し、誹謗中傷による損害については賠償請求ができる。ただし、その書き込みが風評被害を引き起こしたことは、Gさん側が証明しなければならない。また、その損害額がいくらになるか算定は意外に難しいので、弁護士など専門家に力を借りる必要があると思う。

HPで反論する方法も

店の客が減った原因が、誹謗中傷の書き込みによる風評被害だと考えているなら、その書き込みをすぐ削除してもらうことだ。相手が応じなければ、サイトの運営管理者やプロバイダーに対し、その書き込みがGさんの店の社会的信用を貶める誹謗中傷であることを説明し、削除を要請すればいい（必ず削除されるとは限らない）。

もっとも、閉店に追い込まれるほどの風評被害が出ていることを考えれば、すでにかなりの勢いで書き込みが拡散しているように思える。よって、削除要請で書き込み自体は削除できても、シェアされたものすべてをネット上から消すのは無理だろう。そこで、Gさんの店のホームページ上に、その書き込みをシェアし、内容が誹謗中傷であるとの反論を載せる方法もある。それに対する反論や批判でHPが炎上する恐れもあるが、書き込みに対して公に発言しないと、相手の言い分が正しいという印象を周囲に与えてしまう。

先生のまとめ

書き込みと風評被害の因果関係が問題です

あなたのお店の売上げ減少の原因が誹謗中傷の書き込みなら、あなたは投稿した顧客に対し、名誉毀損や信用毀損等に基づく損害賠償を請求できます（709条）。しかし、そのためには、風評被害がその書き込みにより生じたということ（因果関係という）を、あなたが立証しなければなりません。根拠となる資料の収集などを行う必要があり、容易ではありません。

　そのため、書き込んだ顧客への損害賠償請求を考えているのであれば、弁護士に相談するといいでしょう。もし身近に弁護士がいない場合には、知人や取引先から紹介してもらったり、インターネットで検索をしたり、市民法律相談などを利用したりするなどして探してみると良いでしょう。

　もっとも、あなたがまずしなければいけないことは、損失の回収より、これ以上、被害を拡大させないため、相手に書き込みの削除をさせることです。応じなければ、サイトの運営管理者やプロバイダーに対し、その削除を要請してください。

CHAPTER3
#7

批評を超える意見

批評と誹謗中傷

我が社（H出版・64頁参照）の最近の出版物では『上手な部下のトリセツ』という本が好評ですが、その読者の１人から、「会社目線で、社員や部下を見下していて不愉快だ。金返せ！」と、クレームがありました。でも、対等な立場で書いてあり、まったくの言いがかりです。しかし、いくら説明しても納得せず、何度もクレームを寄こすので、仕事に支障を来たし、困っています。

しかも、SNSで、この本が「セクハラやパワハラを容認している」とか、我が社は「社員を過労死するまで働かせている」などと、ウソや誹謗中傷の書き込みをしたのです。風評被害はありませんが、この読者に書き込みの削除と謝罪を要求できませんか。

世の中には、何にでも一度はクレームを付けないと気が済まない人がいるそうだ。こういう人は、「目立ちたがり」というか、「周囲に自分を認めさせたい」のだろう。誰もが自由に自分の言いたいことをアップできるSNSは、この癖のある人にとって、格好のツールである。だが、ウソや誹謗中傷の書き込みで攻撃される方は、たまったものではない。

ウソや誹謗中傷の書き込みは削除を要求できる

悪意ある書き込みが拡散すれば、長年培ってきた信用を失いかねない。風評被害が出てないからと、その書き込みを放置しておくのは危険である。悪意ある書き込みに気づいたら、すぐに投稿者に削除を求め、相手が応じなければ、サイトの運営管理者やプロバイダーに削除要請をすべきである。もっとも、サイト側は「表現の自由」をより強く優先する傾向があり、被害者の削除要請を必ず認めるとは限らない。

なお、H出版の場合、読者の書き込みは誹謗中傷というのだから、たとえ風評被害がなくても、その削除と謝罪を要求できると思う。ただし、読者だけでなく、サイトにも削除要請に応じてもらえない場合、裁判を起こすしかない。

書き込みが批評の範囲なら、HP上で読者と論争してもいい

ところで、書き込みが誹謗中傷というのは、あくまでH出版の見解である。第三者から見ると、その内容は同社の社会的信用を貶めるものではなく、『上手な部下のトリセツ』の読後感、あるいはその本についての批評や批判にすぎないと判断できることもあるだろう。この場合、読者の書き込みは「表現の自由」により保護され、H出版は、その内容に不満でも、そもそも書き込みの削除自体を求められない。

前項でも説明したが、こういう場合には、相手に対して削除を求めるのではなく、自社のホームページ上で、その書き込みに対する反論を展開する方法もあると思う。もちろん、書き込みした読者にも再反論を認め、互いの意見をぶつけ合うのである。

ネット上への書き込みは拡散するため、そのすべてを削除するのは難しい。いっそ悪意ある書き込みを自社のHP上に公表して反論する方が、風評被害を防ぐことにもつながるはずだ。

先生のまとめ

風評被害がなくても不法行為になります

この読者の書き込みは、事実と異なる虚偽や誹謗中傷だそうです。

その内容が御社の名誉を毀損し、社会的信用を著しく貶めるものであることは間違いなく、明らかに不法行為だと言えます（民法709条）。

その書き込みにより風評被害などの損害が生じれば、御社はその相手に対し、損害賠償を請求することができることは、これまでの相談例と同じです。

また、名誉回復のため、謝罪広告の掲載を求めることもできると思います（法723条）。

ところで、風評被害は出てないということですから、御社の本の売れ行きには影響がなかったのでしょう。とすると、請求できる損害額は実際の損害（有形損害）ではなく、無形損害ということになります。

これは通常、被害者の精神的な苦痛に対する慰謝料です。しかし、出版社は法人で、精神的な苦痛はありませんので、慰謝料請求は難しいと思います（155頁参照）。

CHAPTER3
#8

エステを出禁になった客

損害賠償を求める裁判

エステ店（□□サロン）ですが、予約は連絡もなしにドタキャンするし、スタッフの施術にも毎回言いがかりのようなクレームを付ける客を当店の会員から除名し、出禁にしたんです。

ところが、その客が出禁の腹いせに、当店を攻撃する悪意の書き込みをSNSに頻繁にアップするので、困っています。エステシャンの腕が悪いとか、店で使っているオイルは粗悪品だとか、タオルは洗濯もせず使い回しなどと、まったくのウソや誹謗中傷の内容です。中には、他のお客様の悪口もあるので、客が減って、売上げが激減してしまいました。相手に書き込みの削除と謝罪を求めましたが、応じてはくれません。裁判を起こすつもりですが、損害賠償を取れますか。

エステサロンやヘアサロン、スポーツジムなどを選ぶ場合、ネット上の書き込みを参考にする人も多いと思う。しかし、その投稿内容が正しいかどうか、たとえば意趣返しでされた「悪意ある書き込み」だとしても、閲覧者には判断ができない。

閲覧者が正しいと信じれば、その内容が「ウソ」でも「真実」となり、施設が対応を怠ると、「真実」として拡散することになる。ただ、そのウソの書き込みは、「表現の自由」という権利に守られ、施設側がその書き込みを削除するハードルは高い。

裁判を起こすなら、まずは弁護士に相談する

このエステ店のように、第三者からネット上にウソや誹謗中傷の書き込みをされた場合、その書き込みが拡散し、客離れや売上げの減少といった風評被害が生じても、被害者が書き込んだ相手から損害賠償を取るのは容易ではない。被害者側が、問題の書き込みと風評被害との因果関係を立証しなければならないからだ。

また、この相談例のように、相手の氏名や住所が最初から特定できている場合はともかく、ネットでの書き込みの場合、相手のメールアドレスすらわからないこともあ

る。この場合、まず相手方の特定をする必要がでてくる。

このように、裁判を起こすと決めた場合には、費用がかかっても、弁護士に訴訟の代理人を依頼すべきである。

裁判の前に弁護士の名前で内容証明郵便を送る

裁判は、私人間のトラブル解決の最後の手段だ。もっとも、裁判にかかる費用や手間を考えると、示談など話し合いで解決する方が、一般的にはいいと思う。

なお、裁判を起こす前に、内容証明郵便で相手方に損害賠償の支払いを求めるのが普通である。代理人に弁護士の名前が書かれていると、あなたの「裁判への本気度」を知り、相手も話し合いに応じてくれることがある。

先生のまとめ

本件は因果関係を立証できそうです

第三者の書き込みにより、お店などに風評被害が生じた場合、被害者側が書き込みと風評被害との因果関係を立証することができれば、それによる売り上げの減少分も不法行為（民法709条）に基づく損害の内容として請求が可能であることは、これまでに何度も説明してきました。

貴店のケースでは、出禁にした顧客が貴店を非難する目的で虚偽や誹謗中傷の書き込みを繰り返しています。その結果、貴店の社会的信用が貶められたことは明白です。そして、あなたの話によれば、書き込み以後、売り上げが減少しているとのことですので、貴店を誹謗中傷する書き込みの開始後に減少した客数や売上高などと付け合わせることで、相手の書き込みにより風評被害が生じたことを立証できるでしょう。また、裁判では謝罪広告の掲載なども要求できます。

なお、貴店は民事訴訟のみを考えているようですが、相手の行為はかなり悪質で、言うまでもなく業務を妨害されたのですから、警察に被害届を出すか、虚偽風説流布業務妨害罪（刑法233条）で刑事告訴をすることも可能かと思います。

CHAPTER3
#9

自分や家族に対する個人攻撃

知人間での信用失墜をどうするか

私（Cさん・44頁参照）は、ママ友に教えられたフリマサイトにハマっています。専業主婦でお金に余裕はありませんが、フリマなら安く流行の服が買えますし、着なくなった服やバック、靴を売れば、その売上げで、ほしい服をまた買えるからです。ところが、私が出品したドレスを買った相手からのクレームを無視したら、ネット上に私を個人攻撃する書き込みをされました。今も続いています。

出品した品物の善し悪しではなく、私が浮気してるとか、夫や子どもの悪口です。もちろん、そのすべてはウソや誹謗中傷の内容ですが、それを信じたママ友から除け者にされてしまいました。

私は、書き込んだ相手に謝罪させ、慰謝料も取りたいのですが。

ＳＮＳは、行ったこともない海外に住む人と知り合いになれる楽しさがある。一方で相手の本当の顔が見えないため、その書き込みを信じすぎると、思わぬトラブルに巻き込まれる。しかも、Ｃさんのように、トラブった相手の悪意ある書き込みが拡散し、風評被害を受けることもある。ママ友に限らず、周囲にいる親しい人たちが一旦その書き込みを信じると、信用を取り戻すのは容易ではない。

浮気が事実でも、ネット上への投稿はプライバシーの侵害になる

Ｃさんを誹謗中傷する書き込みは、かなり悪質である。たとえば、投稿者は「浮気」について、その現場を確認したわけでも、彼女が浮気をしていると信ずるに足るものをつかんでいるわけでもないだろう。おそらく、Ｃさんの名誉を傷つけ、社会的信用を貶める目的で、口から出任せを書き込んでいるのだ。これは、彼女の家族についても同じだろう。この投稿者の行為は、明らかに不法行為にあたる。

Ｃさんは、この相手に対し、慰謝料の支払いや謝罪を要求できることは言うまでもない。相手が応じなくても、裁判を起こせば慰謝料は取れると思う。

仮に浮気が事実だとしても、そのこと自体はCさんのプライバシーである。ネット上に無断で書き込まれた場合、名誉毀損やプライバシーの侵害だとして、投稿した相手に対し、慰謝料や謝罪を請求できる。

ママ友の誤解を解くためにも法的手段を取るといい

自分の要求が通らないと、その腹いせに、相手を誹謗中傷する書き込みをネット上に投稿する人もいる。その内容が真実ではないウソでも、書き込みが拡散し、閲覧者が信じてしまうと、Cさんのように風評被害を受けることがある。たとえば、彼女が浮気する人かどうか、彼女を知らない人ならともかく、Cさんをよく知るママ友でさえも誰が投稿したかわからない書き込みを信じてしまうところに、便利なネットの恐ろしさが潜んでいる。しかも、一度信じられると、それが真実ではない（浮気などしてない）とわからせるのは容易ではない。

Cさんの場合、その書き込みの削除や謝罪、慰謝料の支払いを相手に要求するだけでなく、警察に被害届を出す方が、ママ友の誤解は解けやすいと思う。

先生のまとめ

仮に浮気が事実でも、慰謝料を請求できます

フリマトラブルの相手方の書き込みにより、あなたは社会的な評価を侵害されていますので、名誉毀損としてその相手に対し、不法行為（民法709条）に基づく損害賠償をすることができます。

なお、相手方に対しては、謝罪広告の掲載など、名誉回復の手段を講じる請求をすることも考えられますが、認められるか否かはケースバイケースだと思われます。

また、あなたは、「ネット上に私を個人攻撃する書き込みを」した人物はフリマサイトでの取引相手であると仰っていますが、その特定はできていますでしょうか。もし書き込みから特定ができていないような場合には、発信者情報の開示請求を行う必要がありますので、そのあたりの方針も含めて弁護士にご相談されると良いと思います。

なお、万が一あなたの浮気が事実でも、その事実をネット上に投稿する行為には名誉毀損が成立しえますし、同時にプライバシー侵害にも問われる可能性があるので、賠償請求ができると思います。

Column4

ながらスマホが風評被害を引き起こす?

自宅でも、会社や学校でも、通勤電車やバスの中でも、脇目も振らずにスマホを操作し続けている人は多い。

診療中の患者もスマホを離さない

スマホは確かに便利である。ニュースはリアルタイムで流れてくるし、わからないことも検索すれば瞬時に回答が出る。だが、スマホの操作に熱中する余り注意散漫になったり、人の話を聞き逃すこともある。ながらスマホで交通死傷事故を起こしたドライバーのニュースは珍しくないだろう。

最近、ある医療関係者からグチを聞かされた。診療中もスマホを離さない患者がいるという。診療内容や帰宅後の注意事項の説明中だったので、スマホを置くよう注意したそうだが、あとから「怖い病院だ」とSNSで投稿され、患者が減ったらどうしようと、心配になったのだと言う。

その一方で、スマホを黙認して大切な指示を患者が聞き漏らし、容体が悪化したら、「医療ミスだと書かれるんだよな」ともボヤいたのだ。

患者の「ながらスマホ」を注意する方がいいか、しない方がいいか、本気で悩んでいるのである。

第4章

クレームやドタキャンを防ぐためにできること

CHAPTER4
#1

消費者側の権利を知っておく

自由に解約・返品できる範囲とは?

居酒屋やブティック、電器店や本屋など業種は違いますが、個人商店のオーナーが集まると、誰からともなく、客からのクレームで困っているという話になります。たとえば、来店して買ったのに、「気に入らないからクーリング・オフしたい」と服を返品してきたり、用法違反で壊れた電化製品を「不良品だから交換しろ」などと、店側に応じる義務のない無茶な要求を客から強要されたというグチが、次から次へと飛び出すのです。客とトラブってネット上に誹謗中傷の書き込みをされることを恐れ、仕方なく要求に応じた店もあると言います。

客から、不当な解約や返品の要求など悪質なクレームを受けないためには、どうすればいいですか。何か、対策がありますか。

この章では、客（消費者）からの悪質なクレームやドタキャンをどう防ぐか、またトラブルが起きたときに慌てないための事前の対応策や心構えなどを紹介する。執拗なクレーマーやドタキャンを繰り返す客には、最終的には法的手続きを取るしかない（1～3章参照）。だが、客からのクレームやドタキャンには、商品やサービスを提供する会社や店が事前に対策を講じていれば防げたトラブルも多いと思う。

客の権利には期限・制限がある

客が消費者の場合には、売主である個人商店は消費者契約法や特定商取引法により契約上、様々な規制を受ける。たとえば、訪問販売業者は、客がクーリング・オフを使って契約を解除（解約）するのを拒否（妨害）できない。ただし、法定の契約書面を客に交付してから8日間が過ぎてしまえば、クーリング・オフは使えないので、客からの解約の申し出を拒否できる。また、常設店舗に客が来店して売買が成立した場合（店頭販売）には、クーリング・オフはできない。

このように、解約可能期間が過ぎていたり、店頭販売した客からの解約申し出は、法律上応じる義務はないのであるから、キッパリ断ることだ。用法違反の客からの交換要求も、同様に拒否すればいいのである。

消費者契約法や特定商取引法は、たしかに消費者保護を目的とはしているが、消費者に無制限の解約権や商品の交換の請求権を認めているわけではない。消費者に有利な規定や認められる範囲がわかっていれば、客から法律を超える要求をされても、そのクレームには応じられないと突っぱねることができるだろう。

客のクレームに対応するためには、まず消費者を守る法律について知っておくことだ。消費者が無条件に（または条件付きで）解約できる時期や範囲は、消費者庁や国民生活センターのホームページで簡単に確認できる。

きちんと説明するための知識を持つ

その権利がないのに解約や交換を要求してくるクレーム客の多くは、きちんと説明をすると、納得してくれるはずだ。クーリング・オフができない場合、用法違反になる場合、ネット通販の返品特約の知識は、忘れずに覚えておくといいだろう。

先生のまとめ

消費者契約法、特定商取引法を知っておきましょう

売買契約には「民法」が適用されますが、当事者が合意すれば、解除や違約金の内容等、その中身を自由に決めることができます。そのため、買主が承諾すれば売主に有利な内容でもよく、買主は契約後、「不利な内容とは知らなかった。知ってたら契約しなかった。」という言い訳はできないのです。

しかし、消費者が事業者と契約をする場合、両者の間には情報量や交渉力に差があります。消費者の弱い立場を利用し、事業者が不当な利益を得る契約類型も存在します。このような場合に、消費者保護の立場から先ほどのような言い訳を認めている法律が存在します。たとえば、売主のセールストークで得な契約内容と誤認した消費者が、後から契約を取り消すことのできる消費者契約法や、訪問販売で8日間は解約ができる（クーリング・オフ）という特定商取引法等です。

消費者を相手に取引をする事業者の方々の場合、今述べたような消費者を保護する法律が適用されます。その概要を把握しておくだけでも、消費者からのクレームが正当なものか否か、冷静な判断をすることの一助になると思います。

CHAPTER4
#2

謝罪がトラブルを大きくする?

客の話を聞く際のポイント

個人商店のオーナーの集まりでは、客のクレームに悩まされるグチ話が多いことは、前にお話しした通りです。いくら「返品はできません」とか、「無料修理はできません」などと、その要求を断っても、客は中々納得してくれません。私どもはそのクレームを聞きながら、ただ「謝る」という対策しか思い浮かばないのです。

店頭にしろ、電話やメールにしろ、客との押し問答が続くと、相手が激怒し、ますますトラブルが大きくなることもあります。相手の言い分が間違っていることは確かなのに、結局こちらが客の要求に応じるしかないこともあるのです。

「謝るな！」という人もいるのですが……。

大企業の中には、客（消費者）からのクレーム対応を子会社や委託会社に丸投げというところもある。クレームはすべて専門部署で引き受けるので、原因を作った営業など現業部門がクレーム対応に手間を裂く必要はないわけだ。だが、直接クレームを受ける零細企業や個人商店では解決が長引けば日常業務がスムースに回らなくなる。

「申しわけございません」が怒りに油を注ぐことも

大企業でも個人商店でも、客のクレームにはまず「申しわけございません」と、謝るのが普通だろう。だが、相手の不満や要求に明確に答えないまま、この言葉を連発すると、かえって客の怒りに油を注ぐことになりかねない。クレーム解決には謝罪より、次の6点に注意した真摯な対応が効果的だと思う。

①相手が何を望んでいるか、クレームの内容を具体的につかもう
②クレームには、時間をかけずにすぐに対応しよう
③わからないことは独断で答えずに、「調べて折り返し連絡します」と一度話を切り、きちんと調べてから答えよう

この場合には、返答できるまでのおおよその時間を伝えておくと印象がいい。
④要求に応じられないクレームは、その理由をきちんと具体的に説明しよう
⑤どんなにしつこく強引な客でも、義務のない要求には応じないようにしよう
⑥悪質なクレーム内容やクレーマーはスタッフ全員で共有しよう

相手を納得させるとは、根負けさせることではない

クレーム客の中には、自分の要求が通るまで執拗にクレームを止めない人もいる。この手のクレーマーやネット上に悪質な書き込みをするような客は、そもそも話し合いによる解決は難しく、法的手続きで対応するしかない。ただ、ほとんどのクレーム客は、真摯な態度で丁寧な説明をし続ければ、自分の要求が受け入れられなくても納得してくれる。

「納得」というのは、ただひたすら頭を下げて、相手を根負けさせろということではない。右の①〜⑥を守って客のクレームに応対すれば、「申しわけありません」は一度で済むということである。

先生のまとめ

謝罪をしてはダメ、の誤解

クレーマーに謝罪をしてはいけない、と考えている方は少なくないかもしれません。謝罪＝責任（過失）を認めること、と捉えているのでしょう。

たしかに、「本件の責任はうちにあります」、「過失はこちらにあります」と伝えたり、一筆書いたりすれば、こちら側の責任を認める根拠になりえてしまいます。ですが、申し訳ございませんでした、という一言を伝えただけでは、責任を認めることにはなりません。

感情的になっている顧客に対し、謝罪の一言がないと、そのことで更に事態が悪化する可能性があります。まずは、冷静にお詫びの言葉を伝え、その後にクレームの内容を聞き取る等の事実確認をすべきです。お詫びの言葉を伝える際は、ご不便をおかけしていること、お待たせしていること等、何に対してお詫びをしているのか、明確にすることが大切です。

ただ、場合によっては、こちらの謝罪に対し、謝罪したではないか、として責任を追及してくる方もいるでしょう。その場合、不当な要求が続くようであれば、交渉の窓口を弁護士に移すといった対応を検討すべきでしょう。

CHAPTER4
#3

法外な要求には決して応じない

事なかれ主義が事態を悪化させる

私たちのような個人商店は、クレームが長引くと、日常業務に大きな影響が出ます。そのため、執拗にクレームを繰り返す相手に対しては、たとえ当方に非がなくても、クレーム解決を優先して、多少の妥協をしてしまうことがままあるのです。たとえば、返品期間経過後の返品、クーリング・オフ対象外の店頭販売の商品返品などは、客から執拗、強引に要求されると、仕方なく返品に応じてしまいます。

これ以外にも、用法違反で故障した電化製品の無償修理や交換を要求されたり、当方のミスで生じたわずかな損害に法外な賠償額を求めてくる悪質なクレーマーもいるので、日々大変です。

こんな悪質クレーマーには、どんな対応をすればいいでしょうか。

ずいぶん前のことだが、近くのコンビニで規定の長さを超えた宅配便を持ち込んだ客と店員が、「送れよ。」「無理です。縦、横、高さの合計が超過してるので、この荷物は当店では送れません。」と、揉めているところに出くわしたことがある。店員は当初、規則だからと荷物の受取りを拒否していた。だが、激高した客が店中に聞こえる大声をあげ始めたため、他の客を気にしたのか、結局その荷物を引き受けたのである。

店からすれば、「他の客の目もある。仕方がないか。」という対応だったのだろう。だが、ここに悪質なクレーマーを生む原因の一端があるような気がしてならない。

例外を一度認めると、次からは原則になる

この店にすれば、これ以上騒ぎを大きくするより、宅配業者に頭を下げて長さ超過の荷物を運んでもらった方がいいと判断したのだと思う。実際、その客にも、「わかりました。今回だけは、お引き受けします。でも、次からは規定の長さを守ってくださいね。」と、伝えていた。だが、この客がまた長さ超過の荷物を持ち込まないという保証はない。

その際、「前はやってくれたじゃないか。長さが出たって送れるんだろう。」とゴネられたら、店側は受取りを拒否できるだろうか。強引に迫れば無理が通る店だと気づいた客は、今度も簡単には引き下がらないはずだ。結局、店側は前回と同様の扱いをするハメになるだろう。客のクレームに対する店側の弱気の対応が、結果的に悪質なクレーマーを生んでいるような気がしてならない。

大声を上げて無理な要求を通そうとするのは犯罪である

このコンビニに限らず、こういう強引で無理な要求をしてくる客に対しては、店側は例外的な取扱いをするべきではないと思う。店側は、「今回だけ」の特例のつもりでも、客にとっては、それが「原則」になることを忘れてはならない。

なお、このコンビニは、客が大声を上げた時点で、「営業妨害だ」と、110番して警察官を呼ぶ方法もあったのである。かえって騒ぎを大きくすると二の足を踏んだのかもしれないが、執拗に不当な要求を繰り返し、大声で威迫するような行為は犯罪に該当する可能性が高い。

先生のまとめ

悪質なクレーマーと交渉し続ける必要はありません

「お客様は神様」という言葉があります。

たしかに、顧客のニーズに合わせてサービスや商品を提供することは大切です。ですが、根拠のない要求や、仮にこちらに過失があったとしてもそれに対する過大な賠償請求等を執拗にしてくる行為は、たとえ顧客であったとしても法的に許されません。

また、こういった悪質クレーマーに対し顧客第一として対応してしまうと、従業員が精神的に疲弊するだけでなく、善良な顧客に費やすべきサービス提供の時間も減ってしまう可能性があります。

あなたが冷静に説明を繰り返しても、今述べたような顧客からの要求が止まないような場合には、文書等で最終回答を行って交渉を打ち切り、それでも不当要求が続くようであれば、本章前項でもお話ししたように、交渉の窓口を弁護士に移すべきでしょう。

これに対してもなおクレーマーが悪質な行為を繰り返すようであれば、裁判所を利用した仮処分や刑事告訴を検討するということになります。

CHAPTER4
#4

クレーム内容を録音・録画する

予防だけでなく証拠にも

客からのクレームは唐突です。相手から、いきなり怒鳴り付けられることも珍しくありません。その剣幕に驚いて相手の要求に的確な返答をすることができずに、何気なく「申し訳ありません。」という言葉を出してしまいます。それがまたクレーム客の怒りを増幅させるのか、相手から罵詈雑言を浴びせられることも少なくないのです。

しかも、クレーム客のほとんどは、私ども売り手に非があると一方的に断定し、返品や返金、損失の補償に応じろと、執拗に、また強硬に要求してきます。ときには、身の危険さえ感じるような言葉も飛んでくるのですが、逃げるわけにもいきません。

こんな場合、相手の暴言を黙って聞いてるしかないですか。

いくら客でも、理由のない不当な要求をしたり、その要求が通らないからといって、店（業者）に対し、脅迫的な暴言を吐いたり、ネット上に誹謗中傷の書き込みをしていいということにはならない。こんな場合、役立つのが防犯カメラなどによる録画や電話内容の録音である。

最近、街中や道路沿いの防犯カメラが増えた効果で路上のひったくりや暴行事件が減ったそうだが、クレームの録画や録音も後々証拠になるため、店側が事前に機器を設置しておけば、悪質なクレーマーを防ぐ対策になる。

録画や録音を相手に伝えると、執拗で脅迫的なクレームは減る

客（消費者）からのクレームには、真摯に対応しなければいけないことは言うまでもない。だが、クーリング・オフの対象外の商品の返品要求など店側に応じる義務のないことまで要求する客もいる。返品には応じられない理由など店側の説明を聞き、渋々納得してくれる客がほとんどだが、中には、いくら説明しても納得せず、自分の要求を強引に押し通そうとして、暴言や威迫的な態度を取る客もいる。

そんな場合、相手に録音や録画をしていることを知らせるのも一つの方法だ。相手は自分の要求が不当で違法なものだとわかっているので、法的措置や警察への通報をほのめかすとクレームを止める可能性が高いと思う。もちろん、それでも悪質なクレームが続くようなら、そのデータを持って、警察に相談すればいいだろう。

クレーム内容の録画や録音が後々証拠になる

店内に防犯カメラがあれば、店頭で騒ぐクレーム客とのやり取りの一部始終を録画することができる。また、電話によるクレームは、簡単に録音ができるはずだ。客のクレーム内容の録画や録音は、裁判や警察への相談、被害届の提出時の証拠になる。なお、そのデータはクレーム対策だけでなく、後から検証することで、店のサービス改善や新商品の開発にも役立つことを忘れてはならない。

ところで、客からの問合せ電話にかけると、客とのやり取りの内容を「録音する」というメッセージが流れるところが多い。このメッセージがあると、多くの客は録音されることを嫌って、暴言や脅迫的な言葉を控える効果があるのではないかと思う。

先生のまとめ

悪質クレーマーには法的手続きを見据えて録音も

企業のお客様相談窓口に電話をすると、「やり取りはサービス向上のため録音させていただきます」というアナウンスが流れる場面によく遭遇します。顧客とのやり取りを録音することは、後のサービス向上の検証に役立つだけでなく、顧客からクレームが来た場合に、「言った」「言わない」を防ぐことにもつながります。更に、顧客からのクレームが暴力行為や威迫行為を伴う場合には、その後の法的手続等の証拠としても利用できる可能性があります。

なお、今述べたのは事前に同意を取ったうえでの録音ですが、同意を取らず録音することも考えられます。「無断で録音するとプライバシーの問題になり、訴えられませんか？」と心配される方がいますが、録音した内容が外に流出したり、悪用されたりしない限り、対話の当事者が録音し、内部で保持することは問題ありません。裁判の証拠としても利用できると思います。ただし、録音した内容が聞き取れないといった場合には、別な意味で証拠としての価値がなくなってしまいますので、録音する際には注意されるとよろしいかと思います。

CHAPTER4
#5

外国人には「お通し」を説明する

最低限の英会話も

私（Rさん・108頁参照）の店は、週末になると客で混み合う居酒屋ですが、最近は訪日した外国人もネットなどの紹介記事を見て来るようになりました。多くは、日本人の連れがいたり、店内にいる客の中に英語が話せる人がいたりして、英語の話せない私や店のスタッフを助けてくれますが、そんな助っ人がいない時に外国人の客が来ると困ってしまいます。

特に、お通し料金がかかることを、どう伝えればいいかわからないのです。今日も、お通し料金400円を上乗せして請求したところ、頼んでないと怒らしてしまいました。うまく説明できないので、仕方なく、料金をもらわずに帰したのですが……。

訪日外国人は年間3千万人を超えたそうだが、日本の文化や日本人の暮らしに触れたいと、居酒屋を訪れる人も多いのだという。だが、この「お通し（「つきだし」ともいう。数品出す店もある）」もそうだが、私たちが当たり前だと思っている商慣習の中には、外国人客には馴染みのないものも多い。事前に説明し、納得して入店してもらわないと、思わぬトラブルを引き起こすことになる。

「お通し」や「チャージ」については、最初に説明する

お通しの料金を「払え」「払わない」というトラブルは、訪日外国人だけの問題ではない。日本人客でも、レジで店員と揉めている姿を時折見かける。精算時のトラブル防止のためにも客が誰であれ、入店時や注文を取る際、お通しの料金や席のチャージ料が飲食代金とは別にかかることをきちんと説明しておくことをお勧めする。

なお、外国人客には、「お通し」という言葉は馴染みがないので、チャージ料という説明でもいいと思う。たとえば、お通し代が400円なら、「当店では1人400円のチャージ料がかかります。」と、次のように英語で伝えればいいだろう。

There is a cover charge of ¥400 per gest.

お通しについても説明したければ、「最初にお出しする小さな料理は、『お通し』と言い、すべてのお客さまにお出しするものです。これは、席のチャージ料と同じようなもので、料金は４００円です。」と、説明すればいいだろう。

Please note that serve "O-toshi", a small appetizer to every customer which is a customary kind of cover charge and is ¥400.

このような説明をしておけば、精算の際のトラブルは防げるだろう。もちろん客には、お通しの代金についても支払う義務が生じるのである。

メニューに書いておくだけではトラブルは防げない

入店した客に対し、右のような説明をするだけでなく、メニューにも「お通し」や「チャージ料」がかかることを書いておくといいだろう。ただし、メニューに書いてあるだけでは説明したことにはならない。Ｒさんや店のスタッフは、外国人客の来店時に慌てないように、右の説明だけでも英会話でできるようにしておくことだ。

先生のまとめ

事前の説明でトラブルを防ぎましょう

この「お通し」について法的な説明をしますと、看板に明示したり、顧客の着席時にスタッフが説明をしたりなどすれば、代金を請求できるのはもちろんのこと、仮にお店の方で、今述べたような対応がなかったとしても、顧客が提供したお通しを食べた場合には、お店は顧客に対しお通しの代金を請求することができます。

もっとも、顧客とのトラブルを未然に防ぐことが望ましいので、お店はＨＰにお通しのことを記載をしたり、顧客の入店時に説明を行ったりするなどの工夫をする必要があるでしょう。また、外国人観光客の場合には、口頭で説明できればいいですが、本件のように必ずしも口頭での説明ができる場合ばかりではないでしょうから、予め記載していたメッセージカードを提示することが考えられるかと思います。

なお、余談ですが、信仰する宗教によっては食文化が異なるため、外国人観光客が訪れる居酒屋などの飲食店では、顧客の宗教などについても確認した方が未然のトラブル防止につながるかもしれません。

CHAPTER4
#6

予約料でドタキャンを予防する

キャンセル料を同時に確保

週末の稼ぎ時、団体の予約客に何の連絡もなくドタキャンされると、飲食店はたまったものではありません。それに懲りて、私（Rさん・116頁、202頁参照）の店では、10人以上の団体客の予約については１人1500円の予約料を前払いしてもらうことにしました。これは、酒類を除く当店の平均的な客単価の４割程度の金額です。

仕入れの関係があるので、客が３日前までにキャンセルした場合は、予約料は全額返金し、当日の無断キャンセルは全額返金しないことにして、キャンセル料についても予約時に客に説明しています。

このシステムに替えてから、無断でドタキャンする客はほぼなくなりましたが、問題はないですよね。

飲食店にとって、予約客の当日無断キャンセルほど困ることはない。その客が来るか来ないかわからない以上、たとえ稼ぎ時でも席を空けておくしかないからだ。店はその席を使えれば稼げただろう売上げを損したのであるから、ドタキャン客に対し、その損失に該当するキャンセル料を請求できる。

高すぎるキャンセル料はトラブルの元

予約客のドタキャン対策として、Rさんの居酒屋の予約料（前受け金）システムは効果的だと思う。店は無断キャンセルされても、その損害を客から預かった予約料の中から直接回収できるからだ。一方、客の方もドタキャンは予約料を取られるから、よほどのことがなければ予定通り来店するか、キャンセル料のかかる前にキャンセルをする。また、予約には予約料が必要なので、いくつもの店を平行して予約するようなマネはしなくなるだろう。結果的に、予約料がドタキャンを減らすのである。

ただ、ドタキャン防止に役立つからといっても、客（消費者）から取れる予約料はいくらでもいいというわけではない。たとえば、予想される予約客の飲食代金より、はるかに高額だったり、その店の平均的な客単価と比べて著しく高額な予約料は取るべきではない。もちろん、客がドタキャンしたからといって、実際の損害額をかなり超えるキャンセル料を取ることもできないのは言うまでもない。

なお、Rさんの店の予約料は、平均的な客単価の4割だということなので、妥当な金額と言えるだろう。

決められた時間を過ぎたらキャンセル扱いにする

Rさんの居酒屋のように、予約の団体客から一定額の予約料を取ることは、当日の無断キャンセルなど「ドタキャン」防止策として、効果はあると思う。だが、相手の客が予約料の支払いを渋ったり、店が預かった予約料から差し引いたキャンセル料が高すぎると、後からクレームが出る可能性もないとは言えない。

このような金銭的トラブルを避けたいなら、カラオケ店のように、「当日予定時間に来店しない場合は予約を取り消し、予約席は空いたものとして他の客に回す」という予約システムにしてもいいだろう。

先生のまとめ

実損を超えるキャンセル料は認められません

ドタキャンによって被る飲食店の損害は、コース予約の場合と席のみ予約の場合とで異なります。

前者の場合、飲食物を他に代用できる場合を除き、全額を損害としうる可能性があります。後者の場合、提供する料理の内容が確定していないので、その都度考える必要があります。たとえば、①キャンセルによる逸失利益、②仕入れ原価、③人件費、などから検討します。

このように、コース予約の場合はある程度損害の計算が容易かもしれませんが、席のみ予約の場合には面倒な感が否めません。

そこで、本件のように予約料制度を導入することが考えられます。これは、飲食代金の前受け金という意味だけでなく、ドタキャンにより店が被る損失を補う違約金的な性格も持ち合わせています。

ただ、予約料の額が、予想される飲食代金よりも明らかに高額な場合には、消費者契約法9条に抵触し、無効になることがありますので、ご注意ください。

もっとも、あなたのお店の予約料は平均的な客単価の4割とのことですので、問題はないと考えられます。

CHAPTER4
#7

予約相手の確認を怠らない

個人情報の収集

私たち商店街の店でも、電話による注文や予約に代わって、スマホやパソコンで注文や予約をするネット客が増えてきました。その多くは常連客で、もちろん相手の顔も住まいもわかっています。でも、中には初めての客もいて、当日来店するまではアドレス以外、相手が何者か、その素性は不明です。しかも、そういう客に限って、注文の品が用意できても取りに来なかったり、予約当日、何の連絡も寄こさずにドタキャンすることも多く、その対応に困っています。

もちろん、常連客ばかりでは経営が成り立ちませんから、新規の客をできるだけ取りたいのですが、予約料以外に、相手にドタキャンされないための方法はありませんか。

『お米の通帳（米穀配給通帳）』を見たことがあるだろうか。配給制度がなくなった後も、前回の東京オリンピック（昭和39年）の頃まで、米を買う際、米店にこの通帳を呈示していた覚えがある。※通帳には同居する家族全員の名前が載っており、店は客の家族構成の他、どれぐらい米を買うかなど、その購買傾向も把握できた。米店に限らず、多くの商店は対面販売で、その客の大半は近くの住人だったのである。

※自主流通米制度（昭和44年）ができて、米店以外からも米を買えるようになるまで形式上続いた（法律上は、昭和56年の食料管理法改正で廃止するまで残った）。

氏名や住所など、相手の個人情報は聞き出しておく

ネットによる注文や予約は、当日来店するまで客の顔が見えない。相手のメールアドレス以外の情報がなければ、ドタキャンされてもキャンセル料の請求など相手への連絡は難しいと言える。このようなトラブルを防ぐには、ネットによる注文や予約はすべて、ネット通販の注文画面で受け付けるようにするのがベストだろう。

ネット通販の場合、一般的に、①客の氏名、②客の住所、③客の電話番号、④客の

メールアドレス、⑤客の生年月日、⑥性別などは注文の際、必ず記載してもらうことになっている。住所氏名や電話番号がわかれば、ドタキャンされた場合でも、相手にキャンセル料などの請求書類を送ることもできる。画面に、キャンセル料などの注意事項も明記しておくと、ある程度ドタキャンを防ぐ抑止力にはなると思う。

なお、ネット通販の正式な注文画面を設置せず、店のアドレスだけを公開して注文や予約を受け付ける場合には、必ず相手に返信し、ネット通販と同様、その注文内容や予約内容を確認することだ。その際、相手の氏名や住所など、右の①〜⑥についても合わせて返信してもらうといい。

新規客の個人情報は「宝の山」

ネットによる注文客や予約客でも、アドレス以外の個人情報が収集できれば、その後の情宣や営業活動にも大いにプラスになる。相手の承諾は必要だが、メールだけでなく、ＤＭなどを送ることもできる。また、その購買地域や購買層を分析することで、新たな営業戦略の作成にも役立つ。ネット客の個人情報は「宝の山」である。

先生のまとめ

個人情報の取扱いには注意しましょう

会社や商店では顧客の氏名や住所、性別や生年月日、電話番号やメールアドレスなど、様々な個人情報を収集し、蓄積しています。その情報は事務所のパソコンなどにデータベースとして保存し、管理されているはずです。

先ほど著者は、「個人情報は宝の山」と記しました。ですが、その一方で、収集した個人情報が自由に使われて外部に漏れてしまえば、個人のプライバシーを侵害し、ときには、その流出がきっかけで顧客の生命や身体、財産等に危害が及ぶ危険性もあります。

そこで、個人情報保護法は、会社や商店に対し、顧客の個人情報を収集するにあたっては、その利用目的をできるだけ特定することを要請し、その利用目的外の利用は、原則、本人の同意を得ずしては認められない旨定めています。

なお、個人情報から特定の個人を識別することができないように加工した、いわゆるビッグデータは本人の同意なくして第三者に提供することが可能ですが、そのためには個人情報保護法の各種規定を順守する必要があります。

CHAPTER4
#8

予約前日に確認の連絡をする

キャンセルが疑わしい場合の対処法

私（Sさん・112頁参照）の店は、客が12人で満席という小さなレストランです。いつもは団体客を受けないのですが、時々来店する客から、「職場の懇親会で10人分予約できないか」と頼まれました。懇親会は店の休日にすると言うのでOKしたのですが、先日、他の店でも予約しているという噂を耳にしました。相手に確認すると、「それはデマだよ。おたくでやる。」と、ハッキリ言われたのですが……。

懇親会はまだ先ですし、キャンセルするなら３日前までにしてくれと、店のルールは伝えてあります。こういう場合、３日前になったら、店の方から客に対し、キャンセルかどうかの確認の連絡をした方がいいですか。予約料を取るんだったと、後悔しています。

この客がダブルブッキングをしているかどうかはわからないが、現実には他の店にも予約を入れている客は少なくないと思う。居酒屋やレストランでは、店の方から客に確認の連絡を入れるという話は余り聞かない。ただ、二股をかけているような予約客は、ドタキャンする店に一々キャンセルの連絡をしてくれるかというと、それはあまり期待できない。

確認の連絡をすればドタキャンを防げる

Sさんの店に限らず、レストランや居酒屋などの飲食店にとって、団体の予約客が連絡も寄こさずにドタキャンすると、大きな損害を受ける。もちろん、事前に予約料を取っていれば、その中からキャンセル料や違約金を取れるから、ドタキャン分の損害を回収することはできる（回収額は必ずしも実損とは限らない）。

もちろん、Sさんの店のように予約料を預かっていなければ、ドタキャン客に対し、法律的にはキャンセル料を請求できる。ただ、請求しても相手が払ってくれるとは限らない。キャンセル料を取れなければ、ドタキャン分は丸々店の損害である。

ところで、予約客が当日、無断でドタキャンするのは、自分の方からキャンセルの連絡をするのが面倒なだけという人が多いのではないだろうか。もし、店の方から「出席人数の最終確認」という理由で予約客に連絡をすれば、客の方もキャンセルを決めている場合は、そのことを店側に伝えてくれると思う。

Sさんの店では3日前までキャンセルを認めているのだから、その日になったら予約客に連絡を入れたらどうだろう。予約をキャンセルされるにしても、そのことが少しでも早くわかれば店の損失は最小限に抑えられる。

連絡が付かなければドタキャンを疑う

あなたが予約客と連絡を取ろうとして、聞いている電話番号に何度電話をかけても誰も出なかったり、また留守番電話を残したり、メールを送っても何の連絡も返って来ない場合は、ドタキャンを疑う方がいいかもしれない。予約料を取ってないので、ドタキャンされたらキャンセル料は後日請求するしかないが、こういう客からは回収が難しい。といって、店による一方的な予約取消しもできない。

先生のまとめ

今回は一方的にキャンセル扱いにはできません

本当に来店してもらえるだろうか、というSさんの不安はもっともだと思います。このような場合、Sさんが顧客に確認の電話をすることは自由です。

では、Sさんから連絡をせず、予約日の3日前になって顧客からも連絡が来ない場合、Sさんはその予約をキャンセルできるでしょうか？　Sさんのお店では、予約日の3日前までに連絡をしてほしい旨お願いしていますが、その連絡がなかった場合の取り決めがありません。ですので、残念ながらSさんはキャンセルをすることはできません。それどころか、キャンセルをすることで、損害賠償のリスクがあります。

今後Sさんが、予約客と連絡がとれない場合に予約をキャンセルしたいと考えるのであれば、その旨を予約の電話の際に伝えたりするなどして、顧客との合意内容に含める必要があります。もっとも、予約の際に口頭で伝えるだけでは「言った」「言わない」というトラブルが生じる可能性がありますので、お店のHPやグルメサイトに掲載されている自店情報にも、予約3日前のルールを明記しておくことが望ましいでしょう。

CHAPTER4
#9

申込みのメールは保存する

顧客ファイルの作成

飲食店ですが、ネットの予約客のドタキャンが多くて困っています。Rさん（206頁など参照）のような人気居酒屋と違って、予約料を取ると言えば、そもそも客は予約してくれません。ただ、ネット予約の客には予約を受け付けたことを知らせる返信メールを送り、相手の名前や住所、携帯番号などの個人情報も可能な限り確認しています。もっとも、ドタキャン客はキャンセル料を請求しても、まず払ってはくれません。裁判にすれば取れますが、費用倒れです。

先日も、団体の予約客にドタキャンされ、キャンセル料請求のメールを送ったら、「予約などしてない」というメールが返ってきました。

相手の予約メールが保存してあれば、予約の証拠になりますか。

「サービス向上のため、お客さまとの会話は録音させていただきます。」企業などのサービスセンターに電話すると、最初に、こんな内容のテープが流れることが多い。ただ、実際にはサービス向上より、客との間で、「言った」「言わない」という水掛け論になった場合、また客から脅迫的な罵声を浴びせられた場合などなど、事実確認や証拠としての利用価値の方が高いような気がする。客からのメールも同様で、保存しておくと、後々トラブルになった場合に役立つだろう。

保存してあるメールがトラブルを解決することも

ネット注文やネット予約の客は、相手の顔が見えない。ネット通販のように業者のホームページ上の注文画面に、客が自分の氏名や住所、電話番号など個人情報を入力し、注文や予約をする場合は、その客の申込み内容を記載した「顧客ファイル（申込者ファイル）」が作成されるのが普通なので、注文したかどうかは残されている履歴を見れば一目瞭然である。

なお、広告掲載やネット注文のためのホームページはなくても、メールでの注文や予約を受け付けている店なら、個々の注文客や予約客ごとの顧客ファイルを作成し、客の中込みメールやその後の客とのやり取りのメールすべてをパソコン上に保存しておくといいと思う。この客のように、ドタキャンしておきながら、「予約はしていない」などとトボける悪質な相手には、その言い分がウソだと反論する証拠になる。

また、メールが保存されているとわかると、客も、店からの請求メールに対し、店やスタッフを誹謗中傷したり、脅迫的な文言のメールを送ることは控えるはずだ。

返信メールで客にも閲覧させる工夫を

ネット通販の客は、業者が保存する自分の「顧客ファイル」を閲覧して、その取引履歴などを確認できるのが普通である。ネット通販でなくても、メールで注文や予約を受けている店は、保存したメールを客も閲覧できるようにしておくといいだろう。この事例のようなトラブル解決には役立つ。ただ、店側に不利な証拠もある。著者の経験だが、通信事業者と水掛け論になった際、私との会話の録音を聞きたいと求めて断られたことがある。私の言い分が正しいので拒否されたと、今でも疑っている。

先生のまとめ

保存したメールが水掛け論の際に役立ちます

予約のメール等はきちんと保管をしておきましょう。後の双方の言い分が食い違った場合の証拠になるからです。

本件でも顧客に申込みメールが存在することを伝え、状況によっては示すなどして、キャンセル料の請求を行えばよいでしょう。そういう意味では、いざという時にメールをすぐに取り出せることが望ましいので、予約専用のメールアドレスを作ったり、一定のルールで受信メールのフォルダ分けをしたりするなどの工夫をすると良いかもしれません。

また、他にドタキャンを防ぐ方法としては、来店日の数日前に予約客から確認の連絡をするようお願いしたり、前日にお店から確認の連絡を入れたりするなどの方法も考えられるかと思います。

最後になりますが、本件では名前や住所、電話番号などの個人情報をしっかり把握しているとのことです。そうなると、Rさんは、「個人情報取扱事業者」に該当し、個人情報法保護法の規制を受ける可能性がありますので、それら個人情報の取り扱いには注意してください。

CHAPTER4
#10

「予約約款」を作成する

画一化で大きな効果が得られる

多くの飲食店が集まる歓楽街ですが、どの店も予約客のドタキャンで頭を痛めています。予約料を取ればいいのでしょうが、よほどの人気店でない限り、「予約料がかかる」と言えば、客は予約料のかからない店に流れてしまいます。後からキャンセル料を請求しても、スマホの予約客は着信拒否や無視をされれば、それ以上追求はできません。

会合で、ドタキャン対策として、歓楽街の全飲食店で「予約約款」を作ってはどうかという話が持ち上がりました。無断でのドタキャン時のキャンセル料の支払いや予約時に住所氏名などの個人情報を店側に伝えるなど予約客の義務を定めたもので、その約款に同意しないと、予約できない仕組みです。こういう約款って、問題ないですか。

「約款」とは、簡単に言えば、会社が不特定多数と取引する場合の定型の契約条項である。聞き慣れない言葉だが、一般の人（消費者）も暮らしの中で、この約款と深く関わりを持っている。たとえば、生命保険に入ったり、預金口座を開いたり、旅行でホテルや旅館に泊まる場合、生命保険会社や銀行、旅行会社や宿の約款に同意して、業者と契約を結んでいるのである。また、通勤通学で電車やバスに乗る場合も、鉄道会社やバス会社の運送約款に同意しているのである。

画一化された約款ができるとドタキャンを防げる

この予約約款を取り入れた店では、客は約款に同意しないと予約ができない。約款では、客はドタキャンするとキャンセル料の支払い義務を負い、また予約時に住所氏名などの個人情報を教える決まりである。予約約款に同意した予約客は、店に自分の名前や住所を知られているので、ドタキャンをするとキャンセル料の請求書などが自宅や連絡先に届くことはわかっている。そのため、今までのように平気でダブルブッキングをしたり、無断でキャンセルするようなマネは減るだろう。この約款は、ドタキャン防止には有効だと思う。ただし、その歓楽街すべての店で約款を取り入れないと、その効果は限定的になる恐れが高い。

なお、予約約款を使う店は予約を申し込んだ客に対し、その内容を説明し、約款のコピーを渡す必要がある。後日、ドタキャン客にキャンセル料を請求した際、「そんな内容は知らなかった」と言い逃れさせないためにも忘れないでほしい。ネット予約の客には、「予約承諾」の通知と一緒に、約款をメールで送ってもかまわないし、また店のＨＰ上に約款を掲載していれば渡したことになる。

予約料を取らないと、後からキャンセル料を取るのは難しい

予約約款を取り入れた店では、客は約款に同意しない限り予約はできない。だが、約款に同意しても、やはりキャンセルや無断でドタキャンする客は出ると思う。この場合、店は約款に基づいて、その客に所定のキャンセル料を請求することはできる。ただし、請求をしても相手が払ってくれなければ、店は裁判以外での回収は難しい。この約款の詳細は不明だが、予約料を取る条項も入れておく方が無難である。

先生のまとめ

約款の内容には注意しましょう

「約款」とは、企業などが不特定多数の顧客と画一的な取引をする場合に使用するための契約条項です。契約締結を円滑にし、大量かつ迅速に処理をするという点でメリットがあります。著者の方が述べられたように、生命保険契約における保険約款等がその例です。

さて、本件では歓楽街の方々が約款を作成し、その内容に同意しないと予約できない仕組みを作るとのことですが、約款を作り、そのようなシステムを構築することは問題ありません。ただし、顧客の権利を制限し、又は顧客の義務を加重する条項で、社会通念に照らして顧客の利益を一方的に害するものは、拘束力は生じない可能性がありますので注意が必要です。たとえば、ドタキャンされた場合のキャンセル料が相場よりも高額な場合などが考えられます。また、約款を作成した場合には、それが利用客に分かるよう、予約フォームやHP、お店などに明示しておく必要があります。

なお、これまで約款について民法には規定がありませんでしたが、令和2年4月1日から施行される改正民法には、「定型約款」の規定が設けられました。

CHAPTER4
#11

内容証明郵便を活用する

約款の変更とキャンセル料の請求

予約客は全員、歓楽街（前項参照）で決めた予約約款に同意してますが、やはり無断でドタキャンする客もいます。店としてはドタキャン客には約款に基づいて、キャンセル料を支払うように電話やメール、手紙などで請求していますが、無視されたり、受信拒否をされることも少なくありません。同じように悩んでいる店も多いです。

先日の会合では、やはり予約料を取るべきだとの意見も出ましたが、約款は簡単に変えられるものですか。また、ドタキャン客のリストを作り、共有してその客を予約から閉め出すべきという意見もありますが、リストの共有は他の店に客を取られる心配もあります。

キャンセル料の上手な請求方法とかはないですか。

予約客のドタキャンによる損害は、飲食店にとって死活問題である。業界団体だけでなく、経産省などがオブザーバーとして参加する有識者勉強会なども開かれ、対策が検討されている。しかし、予約時に客から一定額の予約料を取るという対策以外にドタキャンを防ぐ効果的な方法は、今のところなさそうである。

約款の内容変更は一方的にできる

予約客のキャンセルは、事前に予約料を受け取っている場合でも起こりうる。ただ、予約客によるダブルブッキングや無断でのドタキャンを防ぐ一定の効果はあるだろう。また、ドタキャンされても、予約客からキャンセル料として損害を回収できるので、店にとっては安心だ。この歓楽街でも、当初から予約料を徴収する内容の予約約款にしておけば、請求できてもキャンセル料を取れないという問題は生じなかった。

もっとも、売買契約や金銭消費貸借契約でも途中で契約内容を変更することがあるように、内容変更禁止の条項がなければ、約款もその内容変更は可能である。

あなたの店や加盟する予約サイトの予約方式が、利用（予約）するつど、客に予約約款への同意を求めるような仕組みなら、店側が一方的に約款を変更し、予約料条項を加えることに何の問題もない。店は、新規の予約客から予約料条項を適用できる。ただし、客が飲食店探しや店の予約のため継続的に利用する予約サイトの場合、そのサイトに加盟する店は、約款内容を一方的に変更することはできない。

なお、ドタキャン客のリスト、いわゆるブラックリストの共有は、個人情報の目的外使用や顧客のプライバシー侵害に当たる可能性が高く、お勧めできない。

内容証明郵便で客に圧力をかける

キャンセル料の請求は電話やメールでもできるが、相手に無視されたり着信拒否の手続きを取られると、法律上、請求書が届いたことにはならない。このケースでは、店側はドタキャンした予約客の氏名や住所がわかっているのだから、電話やメールによる請求でラチが明かなければ、内容証明郵便を使ってキャンセル料の請求書を送るのがベストだと思う（内容証明の書き方は巻末参照）。借金の催促でも、返済を渋っていた相手が、内容証明を送り付けた途端、慌てて返してきたという話はよく聞く。

先生のまとめ

ブラックリストの共有は問題が残ります

定型約款は、一定の場合には個別の同意なしにその内容を変更できると考えられています。この点は、令和2年4月1日施行の改正民法に明示されました。すなわち、定型約款の変更が、①相手方の一般の利益に適合するとき、又は②契約をした目的に反せず、かつ、変更の必要性、変更後の内容の相当性、定型約款の変更をすることがある旨の定めの有無及びその内容その他の変更に係る事情に照らして合理的なものであるとき、には個別の同意なくして内容を変更することが可能とされています（改正民法548条の4）。

本件の予約料条項の追加は顧客の利益になるとは言えませんので、変更するには顧客の同意が必要です。そのため、新規の予約客にのみ適用する内容にしたらどうでしょうか。

また、ブラックリストを歓楽街で共有するという意見もあるようですが、名前や電話番号といった情報は個人情報に該当し、本人の同意なしに第三者に供用することは、個人情報保護法で原則認められていません。そのため、弁護士に相談するなど、慎重に対応してください。

CHAPTER4
#12

悪質な書き込みは即対処する

風評被害を最小限に抑えるポイント

店にとって、来店して食事をしたり、商品を購入し使ってくれる個人客は大切です。客からのクレームや要望があれば、真摯に、また誠実に対応しますし、また「お叱りは声援」と思って感謝もしています。ただ、無断でドタキャンしたり、悪質なクレームを繰り返す「困った客」もいて、どこも、その対応に悩まされているんです。

とにかく、常識が通用しません。自分の言いたいことだけを言って、こちらの説明は聞こうともしませんし、要求が通らないと激怒して。

対応が悪いと罵倒されるだけなら我慢もできますが、ネット上にウソや誹謗中傷の書き込みをされるが一番堪えます。どう対応すればいいでしょう。

クレームやドタキャンは、客（消費者）と店の問題である。しつこく不当な要求に困ったり、当日の無断キャンセルにより損害が生じても、店としては対応する相手は客だけで済む。だが、ネット上への客の悪質な書き込みは、放っておくと拡散して、風評被害が出る恐れがある。しかも、相手が削除に応じないと、ネット上の書き込みを消すには手間がかかり面倒である。また、客自身の投稿は削除することができても、ネット上に拡散した書き込みすべてを削除することはできない。

風評被害が出ると取り返しがつかない

「陰口や悪口に一々反応しても仕方がない。」「言いたいヤツには言わせておけ。」

自分やスタッフの仕事に自信がある店の経営者の中には、そう言ってトラブル相手の誹謗中傷など、まったく意に介さない人もいる。だが、ネット上への書き込みだけは、すぐに手を打つ必要がある。ウソや誹謗中傷の内容でも、閲覧した人の中には、それが事実だと思い込む人もいるからだ。

その閲覧者が、書き込みをシェアしたり、新たな記事を作成して投稿すると、ウソや誹謗中傷の内容はさらに拡散する。その結果、風評被害が起きた場合、後から拡散した書き込みすべてを削除することは不可能である。

店やスタッフに対する悪意ある書き込みを見つけたら、すぐに投稿した相手に削除を求め、応じなければサイトの運営管理者やプロバイダーに削除を要請することだ。1秒でも早くその書き込みが削除されないと、取り返しのつかないことになる。

悪意のある書き込みには法的措置も考える

書き込みの削除とは別に、悪質な書き込みをされたら、相手に対して損害賠償請求などの法的措置も考えるといい。風評被害などによる実際の損害の他、精神的な苦痛に対する慰謝料も請求できるだろう。ただし、電話やメールで安易に、また強圧的な言い方で賠償請求すると、相手から逆に、「脅迫された」などと抗議されることもあるから注意してほしい。

なお、悪意ある書き込みの削除が遅々として進まない場合、また風評被害で損害が生じている場合は、弁護士など専門家に相談することをお勧めする。

先生のまとめ

早めに弁護士に相談してください

今やインターネット人口普及率80%を優に超える時代になり、情報の発信・入手が容易になる反面、一度誤った情報が流れてしまえば、短時間のうちに不特定多数の者に伝わり、予想を超える被害が生じる可能性があります。そのため、そのような情報に対しては、速やかな対応が必要です。

　これまでも何度かお話ししたように、その場合の対応としては、情報の発信者に対して直接削除を依頼する方法や、サイト管理者に削除を依頼する方法等がありますが、交渉での削除依頼が功を奏さない場合には、裁判所を通じて削除を認めてもらう必要があります。

　その他の対応としては、著者の方も述べるように、投稿の発信者に対し損害賠償請求をすることも考えられます。ただし、この方の情報が分からない場合には、発信や情報の開示請求を行う必要があります。これも、任意の請求と法的請求があります。

　知り合いに弁護士がいなければ、各自治体の市民法律相談や全国の弁護士会の法律相談センターなどで探すといいでしょう。

クレームやドタキャン対策に役立つ内容証明

店側に義務のない不当な要求を執拗に繰り返すなど悪質なクレーム客には、電話やメールでクレームを止めるように頼んでもラチが明かない。また、ドタキャン客へのキャンセル料の請求も、電話やメールではまず払ってもらえない。こんな場合、内容証明郵便で通知すると、客のクレームがピタリと止んだり、キャンセル料を慌てて払ってくれるなど、効果がある。

ここでは、悪質クレームを止めるよう求める内容証明（次頁）とキャンセル料請求の内容証明（次々頁）を紹介した。ただし、内容証明は相手の住所氏名がわからないと使えない。

内容証明の書き方

内容証明は、1頁に1行20字以内、26行以内で書けばよく（横書きは1行13字以内、40行以内あるいは1行26字以内、20行以内も可）、「。」や「、」も1文字と数える。市販の用紙を使うと、面倒がないだろう。同じ文書を3通作り（コピー可）、宛先を書いた封筒と一緒に取扱い郵便局の窓口で出すだけだ。所定の料金（文章1枚なら通常1262円）を払うと、郵便局（郵便司）が確定日付印を押し、発送を証明してくれる（e- 内容証明の制度もある）。

●クレームを止めるように申し入れた内容証明のサンプル

令和１年６月２０日

○○県○○市○○町１丁目２番３号

□□□□殿

○○県○○市□□町４丁目５番６号

○○○○　㊞

通　告　書

あなたは、令和１年５月１０日、私が上記住所にて営業する『ブティック○○』に来店し、△△社製ドレス１点（代金２万円）を購入しました。その際、私は１週間以内であれば返品に応じる旨、お伝えしています。

同年６月７日午後６時頃、あなたは同商品を持参し、返品したいと申出をしましたが、すでに返品可能期間を過ぎていたため、私はその申出をお断りいたしました。

あなたは、返品できないことを納得せず、同日午後８時の閉店まで退店されず、返品に応じるよう大声で強要し、私が警察官を呼ぶと伝えるまで立ち退きませんでした。その後も、電話にて毎日１時間ほど、返品に応じるように求めています。

あなたの行為は刑法上の業務妨害罪に当たりうる行為です。そのため今後一切の電話や来店、連絡を止めるよう要請します。今後とも同様の態様が続く場合、法的手続に及ぶことになりますので、念のため申し添えます。

●ドタキャン客にキャンセル料を請求する内容証明のサンプル

令和１年５月３１日
□□県○○市○○町２丁目３番４号
○○○○殿
　　○○県○○市□□町６丁目７番８号
　　　　　○○ビル１階
　　　　　　　　　　□□□□　㊞

請　求　書

あなたは、令和１年５月１０日、私が上記住所にて営業する『居酒屋□□』（以下「当店」といいます。）に、電子メール（○○－○○○○@○○○○○．○○）にて、「同月２０日午後６時より１０名」という内容でご予約いただきました。これに対して当店は、同日１１日、予約を承った旨のメールを返信しており、契約が成立しております。

しかし、あなたはご予約時間にご来店されず、キャンセルのご連絡もいただけませんでした。

よって、予約時に明示したキャンセル料５万円（１人当たり５，０００円）を下記口座に入金してくださるよう、お願い申し上げます。なお、本日より７日以内に入金がない場合、法的手続に及ぶことになりますので、念のため申し添えます。

悪意ある書き込みの削除をプロバイダーに依頼する

ネット上に客からウソや誹謗中傷の書き込みをされた被害者は、サイトの運営管理者等に削除依頼できる。この場合、被害店側は、「侵害情報の通知書兼送信防止措置依頼書」をプロバイダーなどに提出する（郵送の他、ネットによる依頼が可能なサイトやプロバイダーもある）。

プロバイダーは投稿者（発信者という）に対し、削除に同意するかどうか照会し、投稿者が自主的に削除するか、7日以内に削除に同意しない旨の回答がない場合、その書き込みを削除してくれる（プロバイダー責任制限法3条2項第2号）。

依頼書（次頁参照）の書き方

投稿者の実名がわからなくても、書き込まれたサイト名がわかれば削除依頼ができます。依頼書には、①～⑥を記載し、最後に、投稿者への氏名開示を許可するかどうかチェックを入れるだけです。

①プロバイダーやサイト名、②被害者の住所氏名など、③書き込まれたサイトのURLや投稿日付など、特定に必要な情報、④ウソや誹謗中傷内容を具体的に記載、⑤侵害された権利（名誉毀損など）、⑥売上げの減少など風評被害による実際の損害額など、を具体的に記載する。

●送信防止措置依頼書のサンプル

年　　月　　日

至　①　　御中

住所

氏名　　②　　　　　　　　印

連絡先（電話番号・メールアドレス）

侵害情報の通知書　兼　送信防止措置依頼書

あなたが管理する特定電気通信設備に掲載されている下記情報の流通により私の権利が侵害されたので、あなたに対し当該情報の送信を防止する措置を講じるよう依頼します。

記

掲載されている場所	③ＵＲＬ：
掲載されている情報	④
【侵害情報等】 侵害されたとする権利	⑤
権利が侵害されたとする理由（被害の状況など）	⑥

上記太枠内に記載された内容は事実に相違なく、あなたから発信者にそのまま通知されることになることに同意します。

［　　］発信者へ氏名を開示して差し支えない場合は、左欄に○を記入してください。○印のない場合、氏名開示には同意していないものとします。

※一般社団法人テレコムサービス協会の書式をもとに作成。
サイトやプロバイダーによっては、依頼書や提出用に独自のオンラインフォームを設けているところもあります。

あとがき

飲食店や宿の予約、スポーツ観戦や列車などの座席チケットの予約も、スマホで簡単にできます。その便利さやメリットは業者側も同様に享受していますが、反面、新たにドタキャン客やクレーム客の対応に悩む業者もいるそうです。たとえば、メールアドレスや携帯番号しかわからないドタキャン客からキャンセル料を取るのは容易ではありません。また、非は自分にあるのに過度の謝罪や不当な要求をするクレーム客もいて、ネット上に誹謗中傷の書き込みをされることもあります。

本書は、このようなドタキャン客やクレーム客に対し、どう対処すべきか、どうすれば防げるか、ネット上の悪意ある書き込みへの法的撃退法や反撃法など、「困ったお客の取扱い方法」を、具体例でわかりやすく、実践的・実用的に紹介しました。

なお、本書発刊に当たり、監修をしてくださった佐藤祐介弁護士と筆の遅い著者を励ましてくれた自由国民社編集部の大矢龍弘氏に感謝します。

令和元年6月18日

著者　飯野たから

著者 **飯野たから**（いいの・たから）

1952年山梨県生まれ。慶應義塾大学法学部卒業。銀行、出版社勤務を経て、フリーライター。
著書に、『戸籍のことならこの1冊』（共著）、『有利に解決！離婚調停』『撮ってはいけない』『フリーランス1年目の教科書』（以上、自由国民社）などがある。

監修者 **佐藤祐介**（さとう・ゆうすけ）

1984年茨城県常陸大宮市生まれ。中央大学法科大学院卒。2013年に弁護士登録し、4年間の勤務弁護士を経て、2018年東京都杉並区にて高円寺法律事務所を開設。一般民事、刑事、医療、知的財産権、企業法務など幅広い分野を取り扱う。「分かりやすく。丁寧に。」を心掛け、地域の方々が気軽に利用できる法律事務所を目指して活動中。

ネット予約時代の
困ったお客のトリセツ

2019年 7 月 4 日　第 1 刷発行

著　著	飯野たから
発行者	伊藤　滋
発行所	株式会社自由国民社 東京都豊島区高田3-10-11 電話　03（6233）0781（代表） URL　http://www.jiyu.co.jp/
カバーデザイン	若井夏澄〈tri〉
イラスト	伊藤美樹
組　版	有限会社中央制作社
印刷所	新灯印刷株式会社
製本所	新風製本株式会社